Antonio Montes Orozco

Scrum para no informáticos

Aprenda a utilizar en su negocio la metodología que ha llevado al éxito a Google, Amazon, Facebook, Microsoft, BBVA e ING Direct, entre otros.

Índice de contenido

Introducción 6
Capítulo 1: Algunos principios básicos a tener en cuenta 8
   1.1 Sin participación no hay compromiso 8
   1.2 El conflicto es bueno y enriquece 10
   1.3 Lo importancia de la confianza en un equipo 11
   1.4 La creatividad nace de la relajación. Evite las horas extras 15
   1.5 La vida es un camino de mejora continua 18
   1.6 Resumen 19
Capítulo 2: Un poco de filosofía 22
   2.1 La pirámide de necesidades de Maslow 22
   2.2 Teorías sobre estilo de liderazgo 25
   2.3 Resumen 27
Capítulo 3: Un poco de historia 29
   3.1 Jeff Sutherland 29
   3.2 El Manifiesto Ágil 32
Capítulo 4: Valores en los que se basa Scrum 34
   4.1 Valorar más a los individuos y su interacción que a los procesos y las herramientas 35
   4.2 Preferir el resultado que aporta valor frente a la documentación exhaustiva .37
   4.3 Valorar más la colaboración con el cliente que la negociación contractual 39
   4.4 Valorar más la respuesta al cambio que el seguimiento de un plan 40
   4.5 Resumen 41
Capítulo 5: Principios que sigue Scrum 42
   5.1 Satisfacer al cliente entregándole valor cuanto antes 44
   5.2 Aceptar el cambio en requisitos, sea cual sea el momento en el que vienen .45
   5.3 Entregar valor frecuentemente 46

Antonio Montes Orozco

5.4 Trabajar codo con codo con el cliente 46

5.5 Trabajar con equipos motivados 47

5.6 Buscar el cara a cara para comunicarnos 48

5.7 Medir el progreso por lo entregado 49

5.8 Mantener un ritmo de trabajo sostenible 49

5.9 Intentar ser muy buenos en lo que hacemos 50

5.10 Minimizar el desperdicio y el trabajo que no aporta valor 51

5.11 Permitir que el equipo se auto-organice para obtener mejores resultados ...52

5.12 Reflexionar sobre nuestros éxitos y fracasos 52

5.13 Resumen 53

Capítulo 6: Perder el tiempo es un crimen 55

6.1 Invertir tiempo solo en tareas productivas 55

6.2 Evitar la multitarea 56

6.3 Resumen 57

Capítulo 7: Visión general de Scrum 59

Resumen 63

Capítulo 8: Roles en Scrum 66

8.1 Scrum Master 66

8.2 Dueño de Producto 68

8.3 Equipo de Desarrollo 69

Capítulo 9: Reuniones o ceremonias en Scrum 71

9.1 Planificación de Sprint 71

9.2 Scrum Diario o «Daily» 72

9.3 Refinamiento de Pila 73

9.4 Revisión de Sprint 74

9.5 Retrospectiva de Sprint 75

9.6 Resumen 76

Capítulo 10: Utensilios o artefactos en Scrum 77

10.1 Pila de Producto 77
10.2 Pila de Sprint 78
10.3 Incremento 79
10.4 Mínimo Producto Viable (MPV) 79
10.5 Resumen 80

Capítulo 11: Estimación de tareas 81
11.1 El ser humano es mejor comparando que estimando tiempos 81
11.2 El concepto de punto de historia 83
11.3 Las series de Fibonacci 83
11.4 Cartas de Póker de Planificación Scrum y su uso en la estimación 84
11.5 Días ideales 86
11.6 Resumen 86

Capítulo 12: Velocidad 88
12.1 Definición de velocidad 88
12.2 Predictibilidad del equipo 88
12.3 Compromiso en la Planificación de Sprint 89
12.4 Evolución de la velocidad 90
12.5 Resumen 91

Capítulo 13: Qué hacer con las historias que no da tiempo a terminar durante el Sprint 93
13.1 Estrategia 1: Acumular los puntos de historia para el siguiente Sprint 94
13.2 Estrategia 2: Reestimar la tarea para el siguiente Sprint 94
13.3 Estrategia 3: Reestimar la tarea en medio del Sprint para finalizarla 95
13.4 Resumen 96

Capítulo 14: Paneles visuales (Kanban) 97
14.1 WIP 100
14.2 Resumen 100

Capítulo 15: Cómo empezar a utilizar Scrum 102

Antonio Montes Orozco

15.1 Ejemplo: Empresa de reformas 102
15.2 Asignación de roles 103
15.3 Creando la Pila de Producto y el MPV 104
15.4 Creando la Pila del Sprint 1 en la Planificación de Sprint 105
15.6 Sprint 1 106
15.7 Sprint 2 109

Conclusión 110
Fuentes de información 112
Enlaces de interés 112
Libros recomendados 112
Artículos recomendados 114

Agradecimientos especiales 115
Sobre el autor 116
Créditos 117

Antonio Montes Orozco

Introducción

Scrum es una metodología de trabajo en equipo diseñada para desarrollar productos informáticos. Se inició en los años 90 y, a día de hoy, es la más utilizada en el mundo software. Las multinacionales más punteras la utilizan: Google, Amazon, Facebook, Banco ING Direct, Banco BBVA, Lockheed Martin, Microsoft, etc. Es una metodología que ayuda a crear equipos de alto rendimiento y una inteligencia grupal que llevan a buen puerto cualquier actividad que se propongan.

Scrum se está empezando a extender por otros entornos que nada tienen que ver con el desarrollo software: escuelas, ayuntamientos, empresas de reformas, planes estratégicos de desarrollo de áreas empobrecidas y en otros ámbitos muy diversos. Toda la literatura existente está centrada en obtener un producto software, por lo que, para los profanos en la materia, puede ser muy complicado oír hablar de términos software, como tests unitarios, pruebas de regresión automatizadas, TDD (Desarrollo orientado a pruebas o *Test Driven Development* en inglés), programación en pareja o términos parecidos.

En esta obra le explicaré lo que es Scrum, de una forma sencilla, eliminando la jerga informática. De esta forma pretendo que sea capaz de aplicarlo en su entorno, sea cual sea este.

Espero que la lectura de este libro le resulte útil para mejorar la eficiencia de su negocio y alcanzar el éxito.

Antonio Montes Orozco

Dedicado a:

Rosa, la reina de mi hogar, y a mis dos princesitas, Elena y Laura

Antonio Montes Orozco

Capítulo 1: Algunos principios básicos a tener en cuenta

En este capítulo voy a intentar grabar a fuego en su mentalidad ciertos pilares básicos, para que luego le cueste menos asimilar los principios ágiles y el marco de referencia de Scrum (ya veremos qué es eso).

1.1 Sin participación no hay compromiso

Stephen Covey sostiene, en su obra *Los siete hábitos de la gente altamente efectiva*, que sin participación no hay compromiso (Covey S. R., 1997). El compromiso no significa obedecer, sino convertir el trabajo en algo nuestro, de forma que tiremos del carro. **Para comprometernos** realmente **con algo tenemos que participar en la decisión**. Me podrán mandar que haga algo, me podrán poner un plazo, me podrán decir cómo tengo que hacerlo pero, si yo no he participado en la decisión, mi nivel de compromiso es nulo: ese trabajo nunca será mío, no será mi «niño». Lo realizaré llevado por mi profesionalidad y, en otros casos, por otros motivos (despido, amonestación, bajada de sueldo, etc.), aunque no habrá compromiso real. Si veo que algo no va bien o se podría mejorar, no diré nada, pues no estoy realmente comprometido: me callaré y dejaré que las cosas sigan su curso, sin aportar mi granito de arena.

Por ello, **como principio a grabar en nuestra mentalidad, debemos buscar la participación del equipo en las decisiones**, para que puedan comprometerse realmente con ellas. Sea cual sea su negocio, al final usted quiere sacar adelante una labor mediante el trabajo de su equipo. Es importante que cada miembro de este se comprometa de verdad. Ese compromiso se consigue cuando todos participan en las decisiones.

En un modelo democrático, se toman las decisiones por mayoría. Cuando la mayoría decide, la minoría no está representada. Como contraposición, en un modelo por alineamiento, todos aportan y suman. Se trata de un contexto abierto donde todos tienen libertad y confianza para hablar. La decisión final no representa a un grupo mayoritario, sino a todos, ya que se ha alcanzado un consenso. Si la decisión es de todos, todos están comprometidos. Puede que algún miembro del equipo no haya participado, si no tenía nada que añadir, pero sabía que tenía la libertad para hacerlo, por lo que el compromiso sigue siendo igual de firme.

Para ir adelantando conceptos, me gustaría plantear lo importante que es **crear un ambiente de confianza en un equipo**, para que los integrantes se sientan con completa libertad para exponer sus ideas y participar en las discusiones y decisiones que surjan. El miedo a participar y la falta de confianza provocarán que no debatamos y, como consecuencia, que no nos comprometamos.

Scrum es una metodología donde la participación de todos es clave. Por ello funciona tan bien, pues se consiguen equipos donde todos y cada uno de los miembros están comprometidos con el Negocio.

El compromiso no es algo que se pueda exigir. Pedir a un trabajador que se comprometa no funciona. Debemos hacerles parte del cambio. Como líderes es importante que entendamos esto. Lo que tenemos que hacer es crear el contexto para que el trabajador pueda comprometerse.

Antonio Montes Orozco

Un estilo de liderazgo que imponga las decisiones, sin tener en cuenta las opiniones del equipo, no podrá exigir que este acometa el proyecto como algo suyo. Como dice Stephen Covey en su libro, subraye esta frase: **sin participación no hay compromiso**.

1.2 El conflicto es bueno y enriquece

La palabra «conflicto» tiene un significado muy negativo que nos puede llevar a huir de él. En un entorno profesional, el conflicto aparece cuando en un equipo hay varias personas con diferentes opiniones sobre un mismo tema, por lo que siempre es una ventana abierta al enriquecimiento. **Conseguir ver el conflicto como algo positivo y como una oportunidad de aprender y mejorar es un gran avance en nuestra mentalidad.**

Si vemos el conflicto como una oportunidad para enriquecernos, dejaremos de evitarlo y lo afrontaremos de una forma constructiva. Una vez más, resalto lo importante que es el tener un clima de confianza en el equipo, para que pueda surgir el conflicto de forma espontánea.

Si encaramos un conflicto desde la perspectiva clásica de ser algo negativo, lo encararemos con miedo, a la defensiva, y posiblemente acabe mal y con un enfrentamiento. Si, por el contrario, encaramos un conflicto con la curiosidad de ver de qué forma nos vamos a enriquecer, estaremos más receptivos a nuevas ideas, escucharemos y conectaremos mejor con las partes enfrentadas, y será más fácil llegar al consenso.

Al entrar en conflicto, nos podemos encontrar con algún comentario sobre nuestra actuación que no nos guste. Nuestra actitud debe ser abierta a la crítica y a la auto-crítica. Solo así creceremos, maduraremos y mejoraremos como personas y como profesionales.

Si usted es de los que tienen pánico a los conflictos y no los ve como una oportunidad de enriquecimiento, es probable que zanje los conflictos de raíz, eliminando en su equipo la confianza a participar en las discusiones. En otro capítulo veremos lo perjudicial que puede ser que el equipo pierda la confianza a participar. Por lo tanto, si quiere abrazar la metodología Scrum, deberá estar dispuesto a que el equipo entre en conflicto de forma sincera y espontánea, y a admitir críticas.

En todos estos años de experiencia con Scrum, siempre me ha gratificado enormemente el ver a los equipos **entrar en conflicto de forma sana**. Scrum propone varios tipos de reuniones donde se crea el contexto para que los miembros debatan y participen. Les aseguro que ver cómo un equipo entra en discusión de forma abierta, espontánea y llena de confianza, es uno de los placeres profesionales más gratificantes que he vivido jamás.

Por lo tanto, en nuestro estilo de liderazgo tenemos que estar abiertos a la crítica, para mejorar continuamente y recibir los conflictos con los brazos abiertos.

1.3 Lo importancia de la confianza en un equipo

Patrick Lencioni es un escritor estadounidense (nacido en 1965) que escribió una fábula empresarial, *Las cinco disfunciones de un equipo*

(Lencioni P., 2003), donde se trata sobre las desastrosas consecuencias que tiene eliminar la confianza en un equipo.

Lencioni nos enseña que todo empieza por la primera disfunción, que es la **falta de confianza**. El líder de un equipo tiene la gran responsabilidad de ser su referente. Si no es capaz de reconocer sus errores, difícilmente lo harán los miembros del equipo que lidera, puesto que el mensaje que reciben es «no reconozcas tus fallos». Por otra parte, puede darse el caso de que alguna vez alguien haya reconocido un fallo y la reacción del equipo haya sido totalmente negativa. En lugar de apoyarlo, premiar la confianza mostrada e intentar solucionar el problema, sus compañeros se centran en eludir su responsabilidad y machacar al culpable. Si, como consecuencia de lo anterior, un miembro del equipo no se atreve a reconocer un fallo, tampoco se arriesgará a exponer una idea nueva o participar en las decisiones. Este tipo de comportamientos son el caldo de cultivo perfecto para sembrar la falta de confianza.

Cuando los miembros del equipo no pueden expresarse abiertamente y en confianza, tienden a evitar entrar en conflicto, por lo que se crea una sensación falsa de armonía. Esta es la segunda disfunción de la que habla Lencioni: **evitar el conflicto**. ¿Para qué voy a expresar mi opinión si me van a faltar el respeto, no me van a escuchar, me van a despreciar, o va a haber represalias?

Si estamos en un ambiente donde no queremos entrar en conflicto y lo evitamos, aparece la tercera disfunción: **la falta de compromiso**. Recordemos el principio de Stephen Covey en el que nos enseña que sin participación no hay compromiso. Eso es precisamente lo que ocurre al evitar entrar en conflicto: no participamos en las decisiones y, por tanto, no nos comprometemos.

Cuando los miembros de un equipo no se comprometen, aparece la cuarta disfunción: la **falta de responsabilidad** con el Negocio que nos ocupa. Lencioni nos lo cuenta como la falta de responsabilidad sobre los otros miembros del equipo. Si algún compañero rompe las reglas o hace algo mal, nos da igual, pues no estamos comprometidos con el Negocio. No decimos nada y miramos hacia otro lado.

Cuando no tenemos confianza para entrar en conflicto, no nos comprometemos y no nos responsabilizamos de los compañeros, ya todo nos da igual, incluso el resultado del Negocio: no nos importa si sale bien o mal, pues ya estamos pensando en abandonar, o en ser promocionados a otro departamento, o en cambiarnos de empresa. Esa es la quinta y última disfunción: **la falta de atención a los resultados**. Llegados a este punto, ya poco se puede hacer. Habrá que partir desde cero, volviendo a crear confianza en el equipo.

Recordemos que toda esta situación desastrosa comenzó por destruir la confianza a participar. Por ello, grabemos en nuestra mentalidad que **es vital que haya confianza dentro del equipo: confianza tanto para participar como también para cometer errores**. La primera vez que un miembro del equipo comete un error, es muy importante mostrarse benevolente y no reprenderlo, pues en ese momento habremos destruido su confianza. Como decía mi abuela: solo se quema el que cocina. Dicho de otro modo: es normal cometer errores cuando se trabaja. El que no trabaja es el que no los comete.

Antonio Montes Orozco

Me gusta especialmente el análisis que hace Lencioni, pues considero que sintetiza con maestría las fases por las que pasa un equipo que se está destruyendo. Es importante mantenerse alerta con este tema, pues Scrum es trabajo en equipo. Siempre cuide la confianza dentro del equipo y esté alerta ante el menor indicio de pérdida de esta.

Tuve una vez un jefe del que aprendí muchas cosas buenas. Cada vez que cometíamos un error, él se metía por medio y mandaba un correo, diciendo públicamente que el error era causa suya y que nosotros habíamos seguido al pie de la letra sus instrucciones. Él siempre nos recalcaba que, con esta maniobra, nos quitaba el miedo a cometer errores, ya que él respondía por su equipo. Y le aseguro que funcionaba: nos sentíamos arropados y trabajábamos con más ahínco. No teníamos miedo a poner en práctica las ideas innovadoras que teníamos, por lo que éramos más creativos.

En todos estos años me he topado con personas que no sabían trabajar en equipo. Aún me sigue impactando cuando veo ofertas de trabajo donde piden «trabajo en equipo». ¿Y cómo se demuestra esta cualidad? No hay ningún certificado que lo corrobore. Es fácil poner que trabajo muy bien en equipo, pero casi habría que hacernos un test psicológico para verificar si es verdad que lo sabemos hacer. Esté alerta de los empleados que no saben trabajar en equipo.

Como estará empezando a ver, estos principios de los que le estoy hablando han de estar grabados en la mentalidad de todos y cada uno de los integrantes del equipo. Son principios que se aprenden en la infancia y que se transmiten de padres a hijos. Luego los podemos adquirir, pero hemos de tener voluntad para querer adquirirlos. Un sólo individuo que se mofe de sus compañeros, o que esté más pendiente de acusar que de solucionar un problema, destruirá la confianza en el equipo. Se sorprendería del daño que puede hacer una sola persona. Es lo que se conoce como *gente tóxica*. Esté alerta para detectar a los posibles miembros tóxicos de su equipo. Hay que frenarlos en seco en cuanto intenten manipular al equipo o destruir su confianza.

1.4 La creatividad nace de la relajación. Evite las horas extras

Se han realizado numerosos ensayos científicos que prueban que, **cuando estamos relajados, es cuando el cerebro se encuentra en un estado más activo y creativo**. Para ello han conectado electrodos a científicos mientras meditaban (algún científico budista se ha ofrecido a esta prueba), comprobando, para asombro de los asistentes, cómo la actividad cerebral crecía (Ricard M., 2015).

Y es que la creatividad y la actividad cerebral más productiva nacen de la tranquilidad y de la ausencia de estrés. Por ello, **si queremos dar con la solución a un problema, lo más eficaz es relajarnos y eliminar el estrés**. Descubriremos cómo nuestro cerebro encuentra la solución de las formas más imaginativas posibles.

En mi vida de programador, había días en los que me encontraba con un problema en el trabajo y no sabía cómo seguir. Me iba a casa y, para mi asombro, se me ocurrían ideas cuando estaba tranquilamente relajado y jugando con mis hijas. Era difícil comprender cómo en un minuto se me había ocurrido una idea creativa que daba solución a un problema al que en el trabajo le había dado vueltas durante horas. Y es que en el trabajo había estado estresado, presionado por los tiempos de entrega y por mi jefe. Aprendí, en esos días de programador, que tenía que confiar en mí mismo y que mi creatividad aparecería cuando se diesen las condiciones oportunas.

El tema de la creatividad va mucho más allá de resolver un problema de programación. En cualquier ámbito de la vida, una idea brillante nos puede ahorrar mucho tiempo o aportar mucho valor al Negocio. Por lo tanto, ¿qué ganamos con perder la oportunidad de tener un equipo creativo? Me imagino que se estará preguntando a dónde quiero llegar con esto de la creatividad. Pues bien, a un tema muy controvertido, que es el de las horas extras.

XP (Extreme Programming) es otra metodología ágil, como Scrum, y explicita que no se superen las 40 horas semanales. Prorrogar reiterativamente nuestra jornada laboral no solo produce cansancio físico y mental, sino cierta frustración personal. Para la mayoría de las personas no resulta fácil llegar a casa y encajar la idea de que lo único que hemos hecho ese día haya sido trabajar 10 horas. Nuestro ser social se rebela: queremos estar con nuestras parejas, hijos o simplemente tener un tiempo para nosotros mismos. Nos repetimos la idea siguiente: «me niego a que mi día haya sido solo esto». Pero el reloj nos alerta de la cruda realidad: el día ha terminado y es hora de dormir. Unas veces lo acataremos, pero otras la frustración nos llevará a alargar el día de forma artificial, y será nuestro sueño el que pague las consecuencias.

Antonio Montes Orozco

La ciencia está llena de estudios que arrojan a la luz los pésimos efectos de la falta de sueño en el individuo, como los estudios de 2015 sobre el sueño (Stickgold, R., 2015). En dichos estudios se descubre que la falta de sueño lleva a tres consecuencias muy perjudiciales para el ser humano:

1. Somos más proclives a **enfermar**, pues la falta de sueño afecta a nuestro sistema inmunológico.

2. Es más fácil que caigamos en una **depresión**, pues la falta de sueño provoca que nos acordemos solo de aquellas cosas negativas que nos han pasado durante el día. Imagínese el estado de ánimo que se le puede quedar si solo recuerda cosas negativas y no hay nada positivo en su cabeza.

3. Tendemos a **engordar** más. La falta de sueño afecta a nuestro sistema endocrino.

Imagínese en una época de trabajo con estrés, horas extras y falta de sueño. Acaba engordando, enfermo y al borde de la depresión. Además, el cansancio extremo lo lleva a perder la creatividad, por lo que intenta las mismas ideas erróneas una y otra vez, fracasando en su vida profesional. El cansancio extremo también nos lleva a cometer más fallos. Los fallos nos restan productividad y pueden poner en peligro nuestro Negocio.

Para evitar que se desencadene el proceso anterior, que yo llamo **ciclo del estrés laboral**, surgió el agilismo. Lo animo a ser valiente y salir de este círculo vicioso de estrés. Los firmantes del Manifiesto Ágil y Jeff Sutherland, el inventor de Scrum, son contrarios a estas dinámicas de trabajo auto-destructivas. En muchos países está grabado en las mentalidades de la gente que dedicar muchas horas al trabajo es más productivo y mejor. Pues es precisamente todo lo contrario. Hay un experimento de Jeff que me gusta en especial: él se dio cuenta de que el ciclo del estrés laboral era contraproducente, por lo que decidió reducir su jornada laboral. Descubrió, para su asombro, que tenía más creatividad, estaba más equilibrado, pues podía dedicar tiempo a su vida privada y, en definitiva, era más productivo. Por lo tanto, grabemos en nuestra mentalidad que **hacer horas extras es contraproducente** y que hemos de eliminarlas de nuestros equipos, salvo para casos muy excepcionales.

La horas extras nunca se pueden exigir al equipo. Es el equipo el que, de forma voluntaria, ha de proponer que se hagan. Siendo conscientes del coste contraproducente que tienen, hemos de limitarlas, aún cuando el equipo esté muy motivado y comprometido a hacerlas. Todo tiene consecuencias.

Si quiere abrazar la metodología Scrum, deberá estar dispuesto a proteger al equipo, evitando que haga horas extras innecesarias.

1.5 La vida es un camino de mejora continua

Los japoneses tienen un término que me gusta mucho: **_Kaizen_. Significa «mejora continua»**. Consiste en evaluar continuamente si se puede mejorar el proceso, buscando desperdicios, o partes del proceso que no aportan valor y se pueden eliminar. Para ello, hay que dedicar tiempo a parar y a reflexionar. **Scrum prescribe una reunión clave, que es la reunión de Retrospectiva**. En esta reunión el equipo para y reflexiona sobre qué hay que mantener, pues se está haciendo bien, y qué cosas se podrían mejorar.

A lo largo de mi vida me he encontrado a numerosas personas que han visto eso de parar y reflexionar como una pérdida de tiempo. No tienen fe en que se pueda mejorar y no ven valor a que un equipo pare para reflexionar. No le ven valor a dejar de trabajar y meterse en una sala a reflexionar. O ven al equipo estresado, permaneciendo en la oficina hasta muy tarde, con ojeras y el pelo desaliñado, o parece que no están siendo productivos.

Los japoneses aplican el *Kaizen* y no se puede decir precisamente de ellos que sean improductivos. Imagínese un equipo que reflexiona, cada dos semanas, sobre cómo mejorar. En dichas reflexiones surgen puntos de actuación que se ponen a prueba. Unas veces funcionarán y otras se verá que no aportan valor. Al cabo de tres meses, el equipo habrá puesto en marcha seis acciones de mejora; algunas habrán supuesto una mejora y el equipo será ahora más productivo. Esto es precisamente lo que lleva a un **equipo** a ser **de alto rendimiento**. Esos equipos se comen el mundo y llevan a buen puerto cualquier proyecto.

Para abrazar la metodología Scrum, es muy importante que descubra el valor de parar y reflexionar, para mejorar y alcanzar el virtuosismo.

1.6 Resumen

Hemos de grabar en nuestra mentalidad los siguientes principios, pues son la base de Scrum y del trabajo en equipo, en general:

- **Sin participación no hay compromiso**. Cada vez que se tome una decisión, tenemos que provocar que intervengan todos los miembros del equipo, para buscar el compromiso. Recordemos que este principio lo enuncia Stephen Covey (Covey S. R., 1997). No estamos hablando de tomar decisiones democráticamente, sino de que cada miembro del equipo se sienta con la libertad y la confianza para participar cuando así lo considere oportuno.

- Desterremos la idea anticuada de que entrar en conflicto es problemático. **El conflicto nos enriquece** y anima a que los miembros del equipo participen, por lo que trae con ello su compromiso (volviendo así al principio que enuncia Stephen Covey).

- La falta de confianza es la primera disfunción que se puede presentar en un equipo, llevándonos a otras disfunciones que acabarán por destruirlo. Hemos de **crear un ambiente de confianza**, donde se pueda hablar abiertamente de cualquier tema. Hay que tener siempre presente este punto, pues nos servirá de indicador sobre el estado del equipo. Frene en seco a la gente tóxica de su equipo que mine la confianza de sus compañeros.

- **Extender la jornada laboral nos lleva a la falta de sueño**, que a su vez repercutirá sobre nuestra salud. En tal estado perdemos la creatividad y cometemos más fallos en el trabajo, por lo que **perdemos productividad**. La pérdida de productividad **aumenta nuestro estrés**, adentrándonos cada vez más en el **ciclo del estrés laboral**.

- **Hacer horas extras es contraproducente** y hemos de eliminarlas de nuestros equipos, salvo para casos muy excepcionales. Si no hay más remedio que hacerlas, la iniciativa ha de partir siempre del equipo y hay que controlarlas al máximo.

- **La vida es un camino de mejora continua**. Aprenda a ver el valor que tienen el parar y reflexionar sobre qué cosas se pueden mejorar y cuáles están funcionando bien y hay que mantener.

Antonio Montes Orozco

Capítulo 2: Un poco de filosofía

Hemos visto una serie de principios básicos asociados a la gestión de equipos y a su funcionamiento. Ahora me gustaría ahondar en cómo apreciamos al individuo. ¿Qué visión filosófica tenemos del resto de seres humanos? ¿Confiamos en ellos? ¿Qué necesidades tienen nuestros compañeros? ¿Qué estilos de liderazgo se adaptan mejor a los principios y valores de Scrum?

2.1 La pirámide de necesidades de Maslow

Abraham Maslow fue un psicólogo estadounidense del siglo XX. Nació en Brooklyn, Nueva York, en 1908 y falleció en Palo Alto, California, en 1970. Fue uno de los fundadores de la psicología humanista y lo que nos interesa de él es su teoría sobre las necesidades del ser humano, empezando por las más básicas hasta alcanzar la autorrealización personal (Maslow, A., 1943). Él sostenía que el ser humano tendía, en primera medida, a satisfacer sus necesidades físicas más elementales: comer, beber, dormir, respirar, tener sexo...

Solo cuando estas necesidades básicas estaban satisfechas, el ser humano empezaba a pensar en las necesidades del siguiente nivel: las necesidades de seguridad. Estas necesidades tienen que ver con tener la seguridad de mantener el empleo, de que la unidad familiar no se rompa, con tener cierta seguridad en la salud, o en la moral del entorno, o que los recursos no se van a agotar. En definitiva, es todo aquello que nos lleva a sentirnos seguros y protegidos.

Antonio Montes Orozco

Cuando tenemos cubierta la necesidad de seguridad, ya no es suficiente y queremos más. El siguiente nivel lo conformarían las necesidades sociales, que consisten en sentirnos pertenecientes a un grupo de amigos, a una unidad familiar, a un equipo de colegas del trabajo. Pero esto no es suficiente. Una vez que tenemos cubiertas nuestras necesidades sociales, queremos más.

El siguiente nivel lo constituye la necesidad de reconocimiento. Dicha necesidad la forman la estima a uno mismo y la estima que los demás nos tienen. Lo primero es querernos a nosotros mismo y, después, que los demás también nos quieran. Cuando esta necesidad no está cubierta, nos encontramos con la baja autoestima. Todos queremos ser esa persona de éxito que hemos soñado. Sin esta necesidad cubierta, nos sentimos abocados al fracaso y no podemos lograr nada por nuestros propios medios.

Pero necesitamos más. El último nivel sería la necesidad de autorrealización. No tiene sentido hablar de autorrealización si algún nivel inferior no ha sido aún cubierto.

¿Y para qué le cuento todo esto y para qué sirve conocer la pirámide de necesidades de Maslow? Pues porque, filosóficamente hablando, el cómo percibamos a los demás determinará nuestra forma de liderar. Si pensamos que las demás personas solo intentan cubrir sus necesidades fisiológicas, tenderemos a pensar que no les gusta trabajar y que no quieren asumir responsabilidades. ¿Usted confiaría en personas a las que no les gusta trabajar y asumir responsabilidades? Es difícil confiar en un equipo con esa apreciación, por lo que nuestro estilo de liderazgo tenderá a ser dictatorial.

Antonio Montes Orozco

Si, por el contrario, vemos a los demás como seres que tienen también unas necesidades sociales y de reconocimiento, entenderemos que les guste trabajar y asumir responsabilidades. Por lo tanto, nuestro estilo de liderazgo delegará más responsabilidades en nuestros colaboradores.

Y, yendo más allá, si asumimos que el fin de todo trabajador es autorrealizarse, entenderemos, de forma natural, que estará deseando que deleguemos en ellos y les demos confianza.

Niveles	Necesidades del ser humano
Necesidades básicas o fisiológicas	Respirar, comer, descansar, sexo.
Necesidades de seguridad	Seguridad física, seguridad de empleo, seguridad de recursos, seguridad moral, seguridad familiar, seguridad de salud, seguridad de propiedad privada.
Necesidades sociales	Amistad, afecto, intimidad sexual.
Necesidades de reconocimiento	Autorreconocimiento, éxito, confianza, respeto.
Autorrealización	Moralidad, creatividad, espontaneidad, falta de prejuicios, aceptación de hechos, resolución de problemas.

Veamos los estilos de liderazgo que emanan de la percepción que tenemos de nuestro prójimo.

2.2 Teorías sobre estilo de liderazgo

Douglas McGregor fue un economista estadounidense del siglo XX. Nació en Detroit, en 1906 y falleció en 1964. Postuló dos teorías sobre liderazgo, denominadas Teoría X y Teoría Y (McGregor, D., 2006). Ambas teorías están muy relacionadas con la pirámide de necesidades de Maslow, pues emanan de la percepción que el líder tiene del personal que lidera.

Teoría X (Dictador vs. subalterno)

La Teoría X emana de la percepción del empleado como una persona que sólo tiende a cubrir las necesidades físicas y, por lo tanto, a la que no le gusta trabajar ni comprometerse. Ello lleva a la creencia de que la única forma de dominar al empleado es mediante la amenaza y el castigo. Con esta visión de los colegas de trabajo, no se puede aplicar Scrum. La teoría X necesita estructuras muy jerarquizadas, donde siempre haya un supervisor para cada empleado. La amenaza y el castigo eliminan la confianza del empleado para participar en las decisiones, por lo que eliminan el compromiso de los miembros de un equipo (recordemos a Stephen Covey y su principio de que no hay compromiso sin participación). Del mismo modo, al eliminar la confianza del equipo, este entrará en disfunción (recordemos las cinco disfunciones de los equipos de las que habla Lencioni), por lo que al final tendremos un equipo que no atienda a los resultados y donde habrá mucha rotación.

Teoría Y (Coordinador vs. colaboradores)

La teoría Y parte de comprender que los empleados necesitan alcanzar sus necesidades de estima y sociales, por lo que el líder entiende que al empleado le gusta trabajar y asumir responsabilidades. La teoría Y considera al empleado como el activo más importante de la empresa. No hay una entrega de confianza plena en el empleado, pero sí se entiende que el empleado puede resolver problemas de forma creativa. Es un gran avance con respecto a la Teoría X, pero la Teoría Y no permite utilizar Scrum, pues hay que avanzar un paso más hacia la siguiente teoría.

Teoría Z (líder facilitador vs. equipo)

Saltamos de Douglas a William Ouchi, un profesor americano nacido en Honolulu (Hawaii), en 1943. Ouchi tuvo la oportunidad de conocer el mundo empresarial japonés y pudo comparar los diversos estilos de liderazgo que había entre las empresas estadounidenses y las empresas japonesas. La Teoría Z se centra en darle al empleado un entorno estable de trabajo de por vida y en buscar su fidelidad, preocupándose por su bienestar, tanto dentro como fuera del trabajo. La alta moral y satisfacción del empleado lo llevan a tener una alta productividad. Con la Teoría Z, los líderes se plantean que el empleado necesita conciliar su vida profesional con su vida privada, aparte de autorrealizarse. Tener empleados felices hace que se pueda entregar plena confianza en ellos. Con dicha confianza el empleado rinde al máximo y se comporta tal y como se espera de él. Por ello el líder Z dice el qué, pero el empleado decide el cómo: se entrega al equipo el poder para decidir cómo se han de hacer las cosas. El líder Z es un facilitador del equipo. También es conocido como el **líder sirviente**, pues está para eliminar los obstáculos que se va encontrando el equipo. De acuerdo con los principios que hemos visto, la Teoría Z es la que mejor se adecua a Scrum, pues empodera al equipo (entrega al equipo el poder de decidir cómo se hará el trabajo) y crea un contexto de confianza, fundamental para que el equipo se pueda comprometer.

2.3 Resumen

- El ser humano tiene necesidades, unas más básicas que otras. Satisfacer un nivel de necesidades nos abre la mente hacia el siguiente nivel. Eso quiere decir que no basta con una subida de sueldo, o tener un empleo estable. Tarde o temprano querremos más. Así hasta alcanzar la autorrealización, que viene a ser la máxima expresión de nuestro potencial.

- La apreciación que tengamos de los empleados determinará nuestra forma de liderazgo.

- La Teoría X entiende que el empleado sólo tiene necesidades fisiológicas, por lo que no le gusta trabajar y hay que utilizar la amenaza y el castigo con él.

- La Teoría Y entiende que el empleado tiene también necesidades sociales y de estima, por lo que le gusta trabajar y asumir responsabilidades. El líder Y delega más en sus cooperadores.

- La Teoría Z entiende que el empleado tiende a la autorrealización, por lo que el líder Z se preocupa de que el empleado sea feliz y tenga equilibrio tanto dentro como fuera del trabajo. El líder Z es un facilitador y elimina los obstáculos que encuentra el equipo. También se le llama líder sirviente, pues está al servicio del equipo. El equipo está empoderado para decidir cómo hacer las cosas.

Capítulo 3: Un poco de historia

3.1 Jeff Sutherland

Mientras que en los años 60 los trabajadores sufrían las tiranías de los jefes X y de los métodos de trabajo rígidos e inflexibles, Jeff Sutherland, el inventor de Scrum, se dedicaba a pilotar aviones de combate en la guerra de Vietnam. Jeff, en su paso por el ejército, aprendió a fuego los siguientes valores:

- El valor de la **confianza** en el equipo, pues, si no, estabas muerto.

- El valor de los **equipos auto-organizados y multidisciplinares**. Jeff estaba acostumbrado a ver comandos de misiones especiales totalmente autónomos que contenían un médico, un francotirador, un intérprete, un experto en explosivos, etc. Dichos comandos podían acometer cualquier tipo de misión, pues contenían a todos los especialistas necesarios para llevarla a buen fin. Se les transmitía la visión de lo que se quería hacer, ellos se auto-organizaban y actuaban de forma autónoma.

- El valor de la **inspección continua**. Jeff conoció a un instructor de pilotos de combate que era el mejor en su categoría. Dicho instructor estaba obsesionado con el principio del **OODA**, que consistía en **Observar, Orientar, Decidir y Actuar**. Primero se observaba la situación, luego se orientaba uno hacia un objetivo, después se decidía la táctica a seguir y, por último, se actuaba. Este sencillo principio es lo que hizo que los cazas estadounidenses sufriesen muchas menos bajas que los cazas MIG rusos que pilotaban los coreanos y vietnamitas, a pesar de que los aviones rusos

(MIG) eran más rápidos y maniobrables. La causa de este hecho tardó en encontrarse. Al final se dieron cuenta de que la clave estaba en que los pilotos americanos tenían más visibilidad desde sus carlingas que los pilotos vietnamitas o coreanos, por lo que podían aplicar OODA iterativamente. Los americanos avistaban antes a sus enemigos, orientaban su ataque, decidían una táctica y actuaban. Después volvían a repetir el proceso, de forma iterativa, mientras que los vietnamitas, más bajitos y en carlingas grandes (preparadas para pilotos rusos, que eran más altos), no sabían por dónde les venían los ataques, así que no podían practicar OODA, pues no podían observar la situación.

Al volver del frente, Jeff se graduó en estadística por la Universidad de Stanford y se puso a trabajar en el laboratorio de Inteligencia Artificial de dicha Universidad. Desde allí pasó a dar clases de matemáticas en las Fuerzas Aéreas. Luego realizó un curso de biomediciones en la Escuela Médica de Colorado, y se doctoró en biomedidas. Todo este esfuerzo hizo que se diera cuenta de que las comunidades humanas son sistemas complejos adaptativos, al igual que las comunidades de células. Cada vez que se intenta cambiar una organización, la gente se encuentra perdida y resistente al cambio, pero luego todo va llegando a un equilibrio, al igual que les pasa a las células.

La administración Reagan hizo un importante recorte en la investigación, así que Jeff fue despedido y tuvo que cambiarse de área. Fue contratado por MidContinent, una empresa de software que valoró sus conocimientos en estadística.

Ahí Jeff se encontró con un ambiente X de los años 70, donde se trataba a la gente irrespetuosamente, no existía la confianza y donde se empleaba mucho tiempo en realizar tareas improductivas. Jeff, que había experimentado el valor de la confianza en el equipo, se encontró con equipos disfuncionales, donde los miembros no participaban en las decisiones, así que no se podían comprometer.

Tampoco se creaba el contexto para observar, orientar, decidir y actuar (OODA, ¿se acuerda?). En contraposición, se fijaba un plan inicial y el proyecto se ceñía a dicho plan con orejeras, como si el plan fuese más importante que la respuesta ante el cambio.

Y, para mayor asombro de Jeff, vio cómo los especialistas se atrincheraban en departamentos estancos y se comunicaban con el resto del mundo a través de documentación, siendo insensibles al proyecto y ajenos al compromiso de sacarlo adelante. Los equipos no podían llevar a cabo los proyectos por sí mismos, por lo que requerían la colaboración de esos departamentos estancos que he mencionado. El resultado era el de proyectos que se atascaban por culpa de la burocracia interna de las empresas.

Gracias a la excelencia que mostró Jeff, consiguió un puesto de vicepresidente en MidContinent, por lo que pudo poner a prueba un plan de cambio. Junto con sus colaboradores, diseñó una nueva metodología que aplicase todos los valores y principios que se había traído de la guerra. Esa metodología hacía mucho énfasis en el trabajo en equipo, por lo que le dieron el nombre de melé (**Scrum** en inglés), que es la fase del rugby en la que los jugadores se unen para diseñar la estrategia de juego. Otras mentes privilegiadas detectaron los mismos problemas e idearon formas de desarrollar software de una forma más eficiente, como Kent Beck, que ideó el *Extreme Programming*, conocido como **XP**. Jeff, Kent y otros gurús del software redactaron el Manifiesto Ágil, punto de partida de la revolución agilista, la cual devolvió los valores al mundo empresarial.

3.2 El Manifiesto Ágil

El Manifiesto Ágil lo escribió Jeff Sutherland junto con Martin Fowler, Ken Schwaber, Kent Beck y otras mentes brillantes de la época. Es verdad que todos venían del mundo software, y también es verdad que el título de este libro es «Scrum para no informáticos», pero tenemos que otorgar al mundo software el origen de esta metodología de trabajo en equipo. Lo que se vivía en muchas empresas de software de los años 90 era un verdadero caos:

- Equipos desmotivados.

- Proyectos que no se acababan. No acabar un proyecto significa que se ha retrasado el doble de lo estimado o que ha costado el doble de lo presupuestado.

- Proyectos que no entregaban lo que el cliente pedía.

- Pérdida de dinero, empleo de grandes esfuerzos en tareas completamente improductivas y que no añadían ningún valor.

Ese es precisamente el panorama que se encontraron tanto Jeff como el resto de firmantes del Manifiesto Ágil. Este grupo de visionarios se reunió, el 17 de febrero de 2001, en Snowbird, estado de Utah, para tratar de poner cordura a esta situación.

El Manifiesto Ágil que redactaron es un compendio de cuatro valores y doce principios, y conforman los pilares de las metodologías ágiles. Cualquier metodología que aplique dichos valores y principios es una metodología ágil. Scrum los aplica, así que Scrum es una de las metodologías ágiles que existen (XP, mencionada anteriormente, sería otra). ¿Y en qué se diferencian los valores de los principios? Los valores son un código moral, mientras que los principios son leyes o reglas que se siguen para lograr un propósito. Por ejemplo, todos los ladrones carecen de principios, pues no siguen la ley o regla de respetar la propiedad ajena. Sin embargo, hasta los ladrones tienen valores, pues siguen el código moral de no robarse entre ellos.

En los siguientes capítulos vemos con detalle los valores y principios ágiles en los que se basa Scrum.

Antonio Montes Orozco

Capítulo 4: Valores en los que se basa Scrum

Scrum es un marco de trabajo ágil, por lo que, como cualquier metodología de este tipo, se basa en los cuatro valores que se definen en el Manifiesto Ágil. Recuerde que, como se dijo en el capítulo 2, los valores son un código moral. A continuación cito textualmente el fragmento del Manifiesto Ágil donde definen los cuatro valores ágiles:

«*Estamos descubriendo formas mejores de desarrollar software, tanto por nuestra propia experiencia como ayudando a terceros. A través de este trabajo hemos aprendido a valorar:*

- Individuos e interacciones sobre procesos y herramientas

- Software funcionando sobre documentación extensiva

- Colaboración con el cliente sobre negociación contractual

- Respuesta ante el cambio sobre seguir un plan

Esto es, aunque valoramos los elementos de la derecha, valoramos más los de la izquierda.»

Vemos que están muy orientados a crear productos software, pero dichos valores son igualmente válidos para cualquier otro entorno. Por lo tanto, voy a reformular los cuatro valores ágiles de la siguiente forma:

- Valorar más a los individuos y su interacción que a los procesos y las herramientas.

- Preferir el resultado que aporta valor frente a la documentación exhaustiva.

- Valorar más la colaboración con el cliente que la negociación contractual.

- Valorar más la respuesta al cambio que el seguimiento de un plan.

Explicamos en detalle qué implicaciones tienen cada uno de los cuatro valores ágiles.

4.1 Valorar más a los individuos y su interacción que a los procesos y las herramientas

Los procesos ayudan al trabajo y son una guía de operación. Deben adaptarse a la organización, a los equipos y a las personas; y no al revés.

Las herramientas mejoran la eficiencia. Pero los resultados llegan gracias al conocimiento de las personas y su actitud. Por ello, este valor pone el foco en las personas, con prioridad sobre los procesos y las herramientas.

La teoría empresarial de los años 90 postula que unos procesos muy bien elaborados pueden conseguir resultados extraordinarios con personas mediocres. En este planteamiento se adivina la falta de confianza que se tenía en las personas en aquella época, supliendo el bajo concepto que se tenía de ellas mediante procedimientos rígidos. Hoy en día, casi todos los negocios tienen una importante componente creativa e innovadora. Poner el foco en los procesos y olvidarse de las personas puede restarnos competitividad. Si su Negocio no requiere nada de creatividad ni de innovación y le basta con un proceso bien estructurado, puede que Scrum no sea para usted.

Para ilustrar más este valor, le pondré un ejemplo: ¿cuántas veces habré visto llegar al absurdo de mandar un correo al compañero que tenemos al lado, cuando lo más eficiente es levantarse y hablar con él? He visto cómo se mandaba un correo al compañero sentado justo en frente, solo para preguntarle si tenía pensado asistir a una reunión. El correo se lía, pues el compañero no entendía de qué reunión se trataba. Al final los correos se complican y acaban levantándose para aclarar que se trataba de la reunión de resultados trimestrales. Pero claro, todo esto dos horas después de iniciado el primer correo, cuando con una simple pregunta cara a cara se hubiese aclarado en cinco minutos. Otras veces me he encontrado con correos extensos, los cuales no sabes ni por dónde cogerlos, de lo pesados que son. Los lees, no te enteras de nada, y al cabo de la semana le pregunto a un compañero cómo se hace el procedimiento X. Él me contesta, ofendido, que estaba todo en el correo: en ese correo de hace una semana que no había ni por dónde cogerlo. Está claro que el cara a cara es la forma más eficiente de comunicación, pues nos da mucho más detalle que un frío correo: tono de voz, gestos, lenguaje corporal, etc.

A través de las herramientas y los procedimientos perdemos mucha información y no nos comunicamos eficientemente. Recuerdo una vez que necesitaba que un departamento hiciese una tarea pequeña para mi equipo. Para ello, en vez del cara a cara, tenían un procedimiento basado en el uso de una herramienta para crear la petición. Utilicé la herramienta, pero era tan compleja que no rellené bien un campo del formulario. La persona que atendió mi petición, en vez de llamarme por teléfono para recabar el dato que le faltaba, desestimó la petición en la herramienta. Para esa persona mi proyecto no era algo importante, así que dejó a mi equipo parado durante semanas. Si me hubiese llamado por teléfono, yo le hubiese dado el dato que le faltaba y mi equipo hubiese estado trabajando sin interrupción. ¿Cuánto le costó a la empresa tener un equipo de 8 personas parado durante varias semanas? ¿Cuántos millones de dólares se pierden diariamente en complejos procesos y en la falta de comunicación, en favor de herramientas complejas de utilizar? **Centrarse en los procedimientos y las herramientas nos resta competitividad, pues dificulta la comunicación entre los profesionales.**

4.2 Preferir el resultado que aporta valor frente a la documentación exhaustiva

Este punto incide en entregar algo que aporta valor lo antes posible. Si rápidamente sacamos la mínima versión que aporta valor, el cliente ya puede verla y darnos su opinión. Con dicha opinión realimentamos el proceso y vamos acercando el resultado final a lo que realmente quiere el cliente. Muchas veces el cliente no sabe lo que quiere, o lo especifica mal. Con una entrega temprana de «algo que aporte valor», el cliente aclara ideas y especifica mejor lo que quiere. La documentación de requisitos que se genere al principio de un proyecto nunca se acercará al resultado final. Por lo tanto, ¿para qué invertir el tiempo en algo que va a cambiar de seguro y sobre lo que no tenemos suficientes datos?

Antonio Montes Orozco

El Manifiesto no afirma que no hagan falta. Los documentos permiten la transferencia del conocimiento, registran información histórica y, en muchas cuestiones legales o normativas, son obligatorios, pero se resalta que son menos importantes que el resultado que aporta valor.

Por lo tanto, hay que huir de la documentación que no aporta realmente valor. Además, hay que borrar de nuestra mentalidad la idea de que un documento pueda sustituir a la valiosa comunicación que se establece entre dos personas que hablan cara a cara.

Si la organización y los equipos se comunican a través de documentos, se corre el peligro de que dicha documentación se utilice de forma defensiva como barricadas ante departamentos o personas. El departamento A no atiende a la petición del departamento B, pues no se ha rellenado convenientemente el formulario TP20 (me acabo de inventar este supuesto tipo de formulario). Ahora el TP20 lleva portada de color verde. No atenderán a la petición hasta que no se les entregue la portada verde. ¿No quedan cartulinas de color verde? Pues habrá que esperar una semana hasta que llegue el pedido de material y se puedan entregar los TP20 con portada con cartulina verde. Mientras tanto, el departamento A se queda de brazos cruzados y el departamento B se tira de los pelos. Pero rellenar el TP20 es de suma importancia. A eso me refiero con utilizar la documentación como una barricada entre departamentos.

Antonio Montes Orozco

4.3 Valorar más la colaboración con el cliente que la negociación contractual

En metodologías ágiles el cliente es un miembro más del equipo, que se integra y colabora con este. Un contrato puede dejar aspectos sin tratar que luego sean importantes para el cliente. Dejar de aportar valor a un cliente porque no está en el contrato es lo opuesto a colaborar juntos.

El cliente no tiene por qué ser un experto definiendo lo que quiere y puede que incluso no tenga una idea clara de lo que quiere. Pero los contratos se firman al principio de la relación cliente-proveedor. ¿Se va a dejar de dar un buen servicio al cliente porque no quedó reflejado con exactitud en un contrato? Para el agilismo, la colaboración estrecha con el cliente es vital. Por ello se realizan contratos muy genéricos, donde el cliente compra tiempo. En ese tiempo, el proveedor le realiza entregas tempranas, las cuales aportan valor. De esa forma, el cliente puede ir aclarando ideas e ir dando al proveedor retroalimentación de lo entregado. Con esta metodología hay certeza de que lo entregado será lo que más valor aporta al cliente y lo que este quiere de verdad.

El contrato entre las partes es necesario. Es una formalidad que hay que cumplir, pero el agilismo no lo utiliza para establecer líneas divisorias entre responsabilidades. Desde el primer momento el cliente forma parte del equipo de trabajo y la relación es de colaboración estrecha.

Antonio Montes Orozco

4.4 Valorar más la respuesta al cambio que el seguimiento de un plan

Sea el banco Digital Bank Acme. Dicho banco quiere digitalizarse y diseña un plan para incorporar al móvil y a su aplicación web las siguientes funcionalidades: ver saldo en cuentas, ver movimiento en cuentas, realizar transferencias, crear una cuenta nueva, contratar un seguro de automóvil. El plan está fijado y comienza el desarrollo software. Se prevé que, en un año, el banco podrá tener sus dos medios digitales (móvil y aplicación web) finalizados con toda la funcionalidad establecida en el plan. Pero, a los dos meses de comenzar, Competitor Bank saca una funcionalidad que es muy bien recibida por sus clientes: el pago a través del móvil y la desactivación instantánea de tarjetas desde el móvil, para evitar desfalcos ante la pérdida de una tarjeta. El director general del banco se arranca los pelos de desesperación, al ver que su plan ya se ha quedado anticuado y que la funcionalidad de pago por móvil no estaba incluida en él. Digital Bank Acme perderá una oportunidad de oro de estar en la liga de los grandes bancos y quedará en segunda fila, como un banco tecnológicamente desfasado. El plan sigue su curso y, hasta dentro de un año, no se podrá empezar el desarrollo del pago por móvil.

La desesperación del director general de Digital Bank Acme viene por la rigidez que aportan los planes. Ha perdido una oportunidad de Negocio para posicionarse en el Mercado, junto con los grandes competidores. Si hubiesen aplicado metodologías ágiles, se habría incluido el pago por móvil en medio del desarrollo de las aplicaciones y, en poco tiempo, Digital Bank Acme ya tendría su pago por móvil, igual que sus competidores. Incluso se podría haber adelantado a alguno de ellos y ahora tendría una posición de liderazgo en el Mercado.

Los planes prefijados son necesarios, pero no aprovechan las oportunidades que se presentan entre medias. El mercado es flexible y en constante cambio. No podemos perder una oportunidad que se presente porque no se ajusta a un plan prefijado. El agilismo valora más la respuesta al cambio, para aprovechar dichas oportunidades, posicionarse mejor frente a los competidores y maximizar el retorno de la inversión.

4.5 Resumen

Los cuatro puntos del código moral que rige Scrum son los mismos que rigen cualquier metodología ágil, y son los siguientes:

1. Valorar más a los individuos y su interacción que a los procesos y las herramientas.

2. Preferir el resultado que aporta valor frente a la documentación exhaustiva.

3. Valorar más la colaboración con el cliente que la negociación contractual.

4. Valorar más la respuesta al cambio que el seguimiento de un plan.

Antonio Montes Orozco

Capítulo 5: Principios que sigue Scrum

El Manifiesto Ágil plantea, además de los cuatro valores sobre los que se sustenta el agilismo, doce principios. Recordemos que los principios son leyes o reglas que se siguen para lograr un propósito. Los doce principios del Manifiesto Ágil dicen textualmente lo siguiente:

«Seguimos estos principios:

1. Nuestra mayor prioridad es satisfacer al cliente mediante la entrega temprana y continua de software con valor.

2. Aceptamos que los requisitos cambien, incluso en etapas tardías del desarrollo. Los procesos Ágiles aprovechan el cambio para proporcionar ventaja competitiva al cliente.

3. Entregamos software funcional frecuentemente, entre dos semanas y dos meses, con preferencia al periodo de tiempo más corto posible.

4. Los responsables de negocio y los desarrolladores trabajamos juntos de forma cotidiana durante todo el proyecto.

5. Los proyectos se desarrollan en torno a individuos motivados. Hay que darles el entorno y el apoyo que necesitan y confiarles la ejecución del trabajo.

6. El método más eficiente y efectivo de comunicar información al equipo de desarrollo y entre sus miembros es la conversación cara a cara

7. *El software funcionando es la medida principal de progreso.*

8. *Los procesos Ágiles promueven el desarrollo sostenible. Los promotores, desarrolladores y usuarios debemos ser capaces de mantener un ritmo constante de forma indefinida.*

9. *La atención continua a la excelencia técnica y al buen diseño mejora la Agilidad.*

10. *La simplicidad, o el arte de maximizar la cantidad de trabajo no realizado, es esencial.*

11. *Las mejores arquitecturas, requisitos y diseños emergen de equipos auto-organizados.*

12. *A intervalos regulares el equipo reflexiona sobre cómo ser más efectivo, para a continuación ajustar y perfeccionar su comportamiento en consecuencia.»*

Los principios ágiles están orientados a la producción de software, por lo que observamos en la redacción la repetición de los términos relacionados con desarrollo software. Para exponer los principios de forma entendible por usted, los convierto en los siguientes:

1. Satisfacer al cliente entregándole valor cuanto antes.

2. Aceptar el cambio en los requisitos, sea cual sea el momento en el que vengan.

3. Entregar valor frecuentemente.

Antonio Montes Orozco

4. Trabajar codo con codo con el cliente.

5. Trabajar con equipos motivados.

6. Buscar el cara a cara para comunicarnos.

7. Medir el progreso por lo entregado.

8. Mantener un ritmo de trabajo sostenible.

9. Intentar ser muy buenos en lo que hacemos.

10. Minimizar el desperdicio y el trabajo que no aporta valor.

11. Permitir que el equipo se auto-organice para obtener los mejores resultados.

12. Reflexionar sobre nuestros éxitos y fracasos.

A continuación paso a describir cada uno de ellos en detalle.

5.1 Satisfacer al cliente entregándole valor cuanto antes

Si no le enseñamos al cliente ningún resultado hasta el final, nos podemos encontrar con la sorpresa de que eso que le entregamos no sea lo que esperaba. Además, los clientes muchas veces no saben exactamente lo que quieren. Solo cuando ven algo es cuando empiezan a aclarar ideas y a afinar en sus especificaciones.

Este principio es válido para todo tipo de negocios: entregar algo que aporte valor cuanto antes, para que el cliente lo vea y nos realimente con sus comentarios.

Si recuerda el principio del OODA (Orientar, Observar, Decidir y Actuar) que aprendió Jeff Sutherland en Vietnam, esta regla está muy relacionada con repetir este proceso el mayor número de veces. Por ello es importante que entreguemos valor cuanto antes, precisamente para que el cliente nos dé realimentación muy pronto y ajustemos nuestro trabajo sin perder un tiempo precioso. Eso nos llevará al éxito.

5.2 Aceptar el cambio en requisitos, sea cual sea el momento en el que vienen

Las metodologías ágiles se adaptan al cambio muy bien. Al no existir planes definidos que hay que seguir de forma estricta, se pueden meter cambios en cualquier momento. Imaginemos que estamos aplicando Scrum en una empresa que realiza estudios financieros. En esta iteración se está analizando la evolución que tendrán los principales índices bursátiles de Europa y, para la siguiente iteración, se analizarán las implicaciones que tienen los incentivos que aplica el banco Central Europeo en la economía europea. Pero, entre medias, Gran Bretaña decide abandonar la Unión Europea, por lo que urge analizar las repercusiones que puede tener el Brexit (así es como se denominó a la salida de Gran Bretaña de la Unión Europea). Pues bien, se introduce la tarea de elaborar un informe sobre el Brexit y se prioriza frente a la que había planificada sobre la evolución de los índices bursátiles europeos. Esta es la ventaja de no seguir un plan estricto e inamovible: que siempre nos podemos adaptar al cambio para sacar beneficio de las evoluciones del Mercado y aprovechar las oportunidades.

5.3 Entregar valor frecuentemente

Volviendo al principio del OODA, cuantas más veces inspeccionemos lo que estamos haciendo y más veces entreguemos valor, más realimentación obtendremos del cliente, por lo que más nos aproximaremos al resultado final deseado. Si, por ejemplo, no entregamos valor hasta dentro de un año, nos podemos encontrar con que no sea lo que el cliente espera. En ese caso, habríamos estado perdiendo el tiempo y el dinero, y tocaría volver a empezar. La entrega de valor en Scrum es iterativa e incremental:

- **iterativa**, porque no lo hacemos todo de golpe, sino que trabajamos durante una iteración, paramos, observamos, ajustamos y volvemos a iterar.

- **incremental**, porque aportamos valor poco a poco y nunca de golpe. El resultado va surgiendo iteración tras iteración, todo para aplicar el principio OODA.

5.4 Trabajar codo con codo con el cliente

Como regla básica, debemos colaborar con el cliente lo más posible. Por ello el cliente está representado en el equipo a través del rol de **Dueño de Producto**, como veremos más adelante. De hecho, veremos que, tras cada iteración, se enseñará al cliente el resultado obtenido, para que este nos indique si lo presentado se ajusta a lo que desea. Recordemos el valor del Manifiesto Ágil que daba prioridad a colaborar con el cliente frente a limitar la relación a un acuerdo contractual.

5.5 Trabajar con equipos motivados

Una frase muy de moda es que los empleados son el activo más importante de las empresas. En Scrum esta frase se lleva hasta las últimas consecuencias, velando porque los miembros del equipo estén realmente contentos y motivados. Si recuerda la Teoría Z, donde se cuidaba a los empleados, y se delegaba en ellos, en Scrum es totalmente cierto. Incluso en XP, otra metodología ágil, se regulan un máximo de 40 horas semanales, para que los miembros del equipo no se «quemen» y tengan un equilibrio entre su vida personal y su vida profesional. Con esta calidad de vida, se minimiza la rotación en los equipos. La rotación se da cuando la gente dimite y se va a otra empresa, llevándose su conocimiento con ellos. La pérdida de experiencia hace mucho daño a los equipos. Scrum minimiza la rotación cuidando al equipo y consiguiendo que alcancen la autorrealización, tal y como explicaba Maslow en su famosa pirámide de necesidades (capítulo 2).

Un equipo motivado entra en un ciclo virtuoso de mejora continua, donde el equipo crece cada día y donde todos participan, alcanzando el compromiso pleno.

Antonio Montes Orozco

5.6 Buscar el cara a cara para comunicarnos

Tendemos muchas veces a enviar correos electrónicos o a comunicarnos a través de herramientas. Dicha comunicación es poco efectiva y se presta a malentendidos. Siempre que podamos, intentemos comunicarnos cara a cara. Recuerdo a un compañero que gustaba de utilizar los correos y las herramientas en vez del cara a cara. Eso creaba tremendos problemas de comunicación, pues a veces no se entendía lo que quería decir y él creía que, con haber utilizado la herramienta o haber mandado el correo, el mensaje ya estaba transmitido.

Para comunicarnos con eficacia tenemos que estar seguros de que entienden lo que hemos transmitido y de que el destinatario del mensaje ha escuchado lo que hemos comunicado. Ni un correo ni una herramienta nos aseguran nada de esto. Se sorprenderían de la cantidad de profesionales que tienen cientos de correos sin leer en su bandeja de entrada. Con las herramientas pasa lo mismo: si no estoy conectado a la herramienta, será difícil que me entere de los cambios o notificaciones que se hayan producido. Y aunque haya conseguido leer el correo, no siempre estoy con el grado de concentración que requieren ciertos correos, sobre todo si son especialmente largos. El cara a cara elimina cualquier obstáculo en la comunicación.

La siguiente vez que tenga que comunicarse, piense primero en el cara a cara, verá lo que mejora su comunicación.

Antonio Montes Orozco

5.7 Medir el progreso por lo entregado

En metodología clásica de seguimiento de proyectos se crean métricas para determinar la marcha del proyecto. Estas métricas son costosas de calcular. Es otro ejemplo de desperdicio. Es más directo ver lo que se ha entregado, pues todas las entregas aportan valor al Negocio. Por ejemplo, si nuestro producto es un coche, si observamos que se ha entregado el chasis con el motor y la carrocería, y vemos que faltan los asientos y la instalación eléctrica para las siguientes entregas, nos da idea clara de cómo va el proyecto. Sabemos que tenemos un coche que funciona y que sólo faltan retoques. Esto es así porque hemos seguido la metodología de trocear el proyecto en tareas que aportan valor por sí mismas. Si las tareas no aportasen valor al Negocio, no sería tan fácil medir el progreso, pues las entregas no nos dirían nada. Por ello es importante que aprendamos a trocear el trabajo a realizar en tareas que aporten valor al Negocio.

5.8 Mantener un ritmo de trabajo sostenible

Un equipo que hace horas extras podrá sacar un trabajo adelante pero, ¿por cuánto tiempo podrá mantener ese ritmo? Acuérdese de lo que yo llamo el ciclo del estrés laboral: las horas extras llevan a llegar tarde a casa; llegar tarde lleva a robar horas de sueño a nuestras vidas para hacer «algo más aparte de trabajar»; la falta de sueño nos lleva a consecuencias físicas y psicológicas que nos restan productividad. Pero, si encontramos un ritmo de trabajo sostenible, seremos productivos indefinidamente.

Hay un ejercicio que me gusta especialmente, y consiste en montar varios equipos de dos personas cada uno. En cada equipo, uno tiene que dar palmas y el otro tiene que contarlas. Gana el equipo que da el mayor número de palmas. Los integrantes de cada equipo deciden cuándo se intercambian en la labor de dar palmas. Lo habitual es que empiecen a dar palmas muy rápidamente, pero pronto el cansancio hace acto de presencia y las articulaciones empiezan a doler. Los equipos descubren que ese no es un ritmo sostenible. Al final, los equipos acaban dando palmas pausadamente, alcanzando un ritmo sostenible que no causa dolor en las articulaciones. Recuerde lo que veíamos en el capítulo 1, donde le explicaba que la creatividad nacía de la relajación y que había que evitar las horas extras. Hacer esfuerzos intensos no es sostenible y a la larga trae problemas. Por ello, hay que cuidar al equipo y procurar que alcancen un ritmo sostenible, para que sean productivos de forma indefinida y sean siempre creativos.

5.9 Intentar ser muy buenos en lo que hacemos

La finalidad es montar un equipo de alto rendimiento cuyos miembros tengan un gran talento. Los empleados son el activo más importante de las empresas y eso lo tiene Scrum siempre presente, así como cualquier metodología ágil.

Un equipo de alto rendimiento, comprometido y con miembros de gran talento realiza el mismo trabajo en la mitad de tiempo.

Antonio Montes Orozco

Hay una frase contundente que reza así: «Scrum no es para mediocres». Se busca el talento, el alto rendimiento, el ritmo sostenible, la estabilidad en el equipo, el trabajo bien hecho. En metodologías ágiles como el XP, incluso se prescribe el trabajo en parejas, para que el conocimiento se vaya propagando por el equipo y al final acaben todos haciendo de todo, minimizando los perjuicios que ocasiona la dimisión del personal. Aunque el trabajo en parejas es típico de entornos software, lo animo a que lo pruebe en su entorno, aunque nada tenga que ver con el mundo software. Cuando se trabaja en parejas, uno se pone al mando del ordenador y el otro mira. Con ello se consigue la transmisión del conocimiento por el equipo, ya que las parejas van rotando y, en poco tiempo, todos han estado con todos. El trabajo por parejas también consigue una mayor calidad en lo realizado, pues cuatro ojos ven más que dos. Los valores habituales nos llevan a pensar que trabajar en parejas desaprovecha los recursos, pues tienes a dos personas haciendo el trabajo de una sola. Pero empíricamente se demuestra que es más eficiente, pues el trabajo sale más rápido y sin errores. Tenga valor para cambiar de paradigma y probar cosas nuevas. La realidad demuestra que esto funciona, aunque la lógica diga lo contrario.

5.10 Minimizar el desperdicio y el trabajo que no aporta valor

Las metodologías ágiles ponen especial énfasis en no perder el tiempo en tareas que no aportan valor. Por ejemplo, poner un procedimiento que obliga a los equipos a generar el TP20 (documento ficticio que me acabo de inventar), cuando dicho documento siempre está desactualizado y no sirve realmente para nada, es una pérdida de tiempo que no aporta valor. Hay que evitar este tipo de tareas. ¿Cuántos millones de dólares se pierden al año en tareas de este tipo? Esto puede parecer una obviedad, pero se sorprendería de la cantidad de tiempo y dinero que se pierde en las empresas en realizar tareas que no aportan valor.

5.11 Permitir que el equipo se auto-organice para obtener mejores resultados

Si recuerda la Teoría Z, al final la clave estaba en entregar confianza al equipo y empoderarlo, de forma que este decidiese cómo iba a realizar las tareas. El líder comunicaba la visión (el qué había que hacer), pero el equipo decidía el cómo. Por ello el equipo se auto-organiza, obteniendo de él su máximo potencial. El equipo decide y participa en todas las decisiones, por lo que su grado de compromiso es máximo.

5.12 Reflexionar sobre nuestros éxitos y fracasos

¿Se acuerdan de la mejora continua, resumida por la palabra japonesa *Kaizen*? Periódicamente el equipo se reúne para reflexionar sobre cómo puede mejorar. Imagínese un equipo que realiza esta reflexión cada dos semanas. Tras reflexionar, se proponen acciones correctoras que se llevan a cabo durante las siguientes semanas. En la siguiente reflexión, se abordan temas nuevos y se revisa si las acciones correctoras propuestas han funcionado. Al cabo de un mes se han acometido dos grupos de acciones correctoras; al cabo de un año, la forma de trabajar del equipo ha pasado por sucesivos procesos de refinamiento (unos veintiséis), por lo que el equipo es ya un equipo de alto rendimiento que trabaja con la precisión de un reloj.

5.13 Resumen

Las 12 leyes (o principios) que rigen las metodologías ágiles son las siguientes:

1. Satisfacer al cliente entregándole valor cuanto antes.

2. Aceptar el cambio en los requisitos, sea cual sea el momento en el que vengan.

3. Entregar valor frecuentemente.

4. Trabajar codo con codo con el cliente.

5. Trabajar con equipos motivados.

6. Buscar el cara a cara para comunicarnos.

7. Medir el progreso por lo entregado.

8. Mantener un ritmo de trabajo sostenible.

9. Intentar ser muy buenos en lo que hacemos.

10. Minimizar el desperdicio y el trabajo que no aporta valor.

Antonio Montes Orozco

11. Permitir que el equipo se auto-organice, para obtener los mejores resultados.

12. Reflexionar sobre nuestros éxitos y fracasos.

Capítulo 6: Perder el tiempo es un crimen

6.1 Invertir tiempo solo en tareas productivas

El tiempo que dediquemos a nuestro Negocio ha de aportar valor. Llamamos **desperdicio** a **todo aquello que nos consume tiempo y no aporta valor**. El desperdicio nos hace perder dinero y, por ello, hay que evitarlo a toda costa.

Ya he hablado del principio de la mejora continua. Precisamente por ello es tan importante, a intervalos regulares, evaluar lo que hacemos, para detectar cualquier actividad cotidiana que sea un desperdicio.

Por ejemplo, en la industria del software de los años 60, donde no se confiaba en los equipos ni en la profesionalidad del individuo, las organizaciones se protegían creando procedimientos complicados que aseguraban una calidad aceptable, aún teniendo equipos «mediocres». Había tanta rotación de personal en los equipos (los empleados estaban descontentos y se iban a otras empresas), que todo debía estar bien atado, por lo que se empleaban cantidades ingentes de tiempo en generar documentación de miles de páginas. Documentación que era imposible leerse y que nunca estaba actualizada. Ese es un buen ejemplo de desperdicio. Generar esa cantidad de documentación no aportaba valor y era una forma de perder tiempo y dinero. Y todo ello porque no se tenía fe en la gente y la opinión acerca de los trabajadores era pésima. Este hecho traumatizó a los creadores del Manifiesto Ágil, hasta tal punto que uno de los valores habla explícitamente de crear software que funciona frente a tener una documentación exhaustiva.

Si quitamos esa visión tan negativa del género humano y confiamos en los miembros del equipo, ya no hace falta protegernos de esa forma, por lo que se pueden eliminar la generación de tanta documentación y la creación de procedimientos «a prueba de mediocres». Si eliminamos el desperdicio, el tiempo que dedicamos es 100% efectivo en aportar valor y empezamos antes a ganar dinero y con el mismo esfuerzo.

6.2 Evitar la multitarea

Realice una prueba muy sencilla y rápida: cronometre el tiempo que tarda en escribir los números del 1 al 20 en fila y los números del 1 al 20, también en fila, pero en formato romano (I, II, III, IV, V, VI, ...)

Ahora repita la misma operación, pero escriba el número 1 en formato decimal y, justo al lado, en formato romano, y así sucesivamente con el resto de números, hasta el 20.

FORMA 1:

1 2 3 4 5 6 7 8 9 10 11 12 13 14 15 16 17 18 19 20

I II III IV V VI VII VIII IX X XI XII XIII XIV XV XVI XVII XVIII XIX XX

FORMA 2:

1 I 2 II 3 III 4 IV 5 V 6 VI 7 VII 8 VIII 9 IX 10 X 11 XI 12 XII 13 XIII 14 XIV 15 XV 16 XVI 17 XVII 18 XVIII 19 XIX 20 XX

La prueba, si la ha realizado bien, le demostrará que tarda más de la segunda forma que de la primera. La razón es porque, en la segunda prueba, tiene que ir cambiando de pensar en numeración decimal a pensar en numeración romana. Está realizando una multitarea. El tiempo de conmutación entre tareas hace que vaya más lento y por eso tarda más en la segunda forma.

Antonio Montes Orozco

Jeff Sutherland (inventor de Scrum) es muy categórico cuando insiste en que el ser humano no es bueno en modo multitarea (Sutherland J., 2014). Se nos educa en la creencia de que una persona que realiza múltiples tareas a la vez es más eficiente que otra que sólo realiza una tarea cada vez. Esto es un error: el resultado de la multitarea es una calidad menor en el trabajo y un agotamiento mayor. Cuando cambiamos entre tareas, tenemos que acordarnos de dónde lo dejamos, lo que nos lleva tiempo, y volver a coger ritmo, lo que nos lleva más tiempo aún. Al final estamos perdiendo el tiempo (y el dinero). Sería mucho más productivo concentrarse en una sola tarea, terminarla, y después pasar a la siguiente.

Además, hay otra razón: si usted acomete una sola tarea y la termina, al entregarla ya está recibiendo realimentación de si eso es lo que el cliente quería o no. Si, por el contrario, está a la vez con cuatro tareas, la realidad es que, por el momento, no ha acabado ninguna ni ha recibido realimentación de ellas, aparte de que no ha aportado nada de valor real a su Negocio.

Como ya he indicado anteriormente, una tarea entregada aporta valor y da pie a recibir la realimentación del cliente. Una tarea a medias es como no tener nada, pues no aporta valor y perdemos la oportunidad de conocer si nos estamos acercando al objetivo de nuestro cliente.

Por lo tanto, la multitarea es una forma más de perder el tiempo: evítela.

6.3 Resumen

- Invierta el tiempo solo en tareas productivas y que aporten valor a Negocio.

Antonio Montes Orozco

- Evite la multitarea. Es una forma más de perder el tiempo pues, al cambiar de una tarea a otra, tiene que acordarse de por dónde iba y tiene que volver a coger el ritmo.

- Recuerde, perder el tiempo es un crimen: nos hace perder dinero.

Capítulo 7: Visión general de Scrum

La palabra Scrum hace referencia a la melé del deporte rugby. La melé se da cuando todos los jugadores se abrazan y se unen para decidir la táctica de juego que van a emplear. Ya esto nos da una idea de lo importante que es en Scrum el trabajo en equipo.

El marco de trabajo Scrum consta de una serie de roles, reuniones (llamadas **ceremonias**) y utensilios (***artifacts*** en inglés) que forman un vocabulario propio y que es bueno conocer. Las normas que prescribe Scrum ayudan a crear un equipo de alto rendimiento y a aportar valor de forma iterativa e incremental, como ya he explicado anteriormente:

- **Iterativa** significa que el producto o el trabajo se «trocea» y se va entregando en sucesivas iteraciones. Cada iteración se llama **Sprint**.

- **Incremental** significa que el producto o el trabajo no se entrega completo. Cada Sprint añade algo más de valor a lo entregado en el Sprint anterior. Esa porción de trabajo entregado se llama **Incremento** (*Increment* en inglés), y es uno de los utensilios o «artefactos» de Scrum.

Si el trabajo o producto a entregar fuese un coche, en el primer Sprint nos entregarían el chasis con el motor y las ruedas; en el siguiente la carrocería; en el siguiente los asientos; más adelante la instalación eléctrica, con el aire acondicionado incluido; y así sucesivamente. Con cada entrega, el cliente ve si le gusta el diseño y si el producto se va ajustando a sus expectativas. Imaginemos que el cliente quería el coche de color rojo. Supongamos que, en el Sprint donde se muestra la carrocería, lo que se le entrega es un coche de color blanco. El cliente, al verlo, se da cuenta de que quería el coche de color rojo y que no lo especificó. Lo notifica al equipo y este toma nota de la realimentación dada. Con esta metodología, el cliente tendrá al final su despampanante coche rojo.

Los pasos que hay que dar para comenzar a aplicar Scrum son:

1. Definir quién asumirá cada rol:

- Definir quién será el líder del equipo o **Scrum Master.**

- Definir quién será el responsable del producto o trabajo que hay que realizar. Este rol recibe el nombre de **Dueño de Producto (*Product Owner*** en inglés). El Dueño de Producto es el representante del cliente. Al ser un miembro más del equipo, es como tener al cliente dentro del equipo, colaborando codo con codo con todos. Aquí se observa que el rol tradicional de jefe de proyecto se desdobla en dos roles: uno que lidera al equipo (rol de Scrum Master), y otro que lidera el trabajo a entregar (rol de Dueño de Producto).

- Definir quiénes serán los integrantes del equipo (**Equipo de Desarrollo** o ***Development Team*** en inglés). Aunque la palabra desarrollo tiene una clara connotación al desarrollo software, piense en el equipo que realiza el trabajo y lo desarrolla. Al conjunto formado por Scrum Master, Dueño de Producto y Equipo de Desarrollo se le llama **Equipo Scrum** (***Scrum Team*** en inglés).

- Definir quiénes serán el resto de **Interesados** (*Stakeholders* en inglés): clientes, usuarios, colaboradores, etc.

2. Fijar la duración de cada Sprint. En desarrollo software es muy fácil crear entregas que aporten valor a Negocio. Pero, en otras áreas que no son software, esto puede que no sea tan fácil. Por ello, cada tipo de negocio deberá encontrar una duración de Sprint que sea la menor posible, pero que permita aportar algo de valor en la entrega. Es habitual que los Sprints duren dos semanas pero, si en ese tiempo usted ve que no es capaz de terminar nada que aporte valor, alargue la duración del Sprint a lo que se adecue a su negocio.

3. Saber qué tareas hay que hacer. Para ello, hay que dividir el trabajo o proyecto en tareas que puedan realizarse en un Sprint. Si una tarea no cabe en un Sprint, habrá que segmentarla en tareas más pequeñas que sí quepan. Todas las tareas forman la **Pila de Producto (*Product Backlog*** en inglés). El Dueño de Producto es el responsable de que la Pila de Producto esté creada y priorizada. Por priorizar entendemos que las tareas que aporten más valor ocuparán las primeras posiciones de la lista. Trocear el trabajo en tareas es un arte, pues todas tienen que aportar valor a Negocio y todas han de caber en un Sprint.

4. Reunirse para planificar el primer Sprint. Esta es la reunión de **Planificación de Sprint (*Sprint Planning* meeting** en inglés). Se escogen las tareas que el equipo puede comprometerse a tener al final del Sprint, formando así la **Pila de Sprint (*Sprint Backlog*** en inglés).

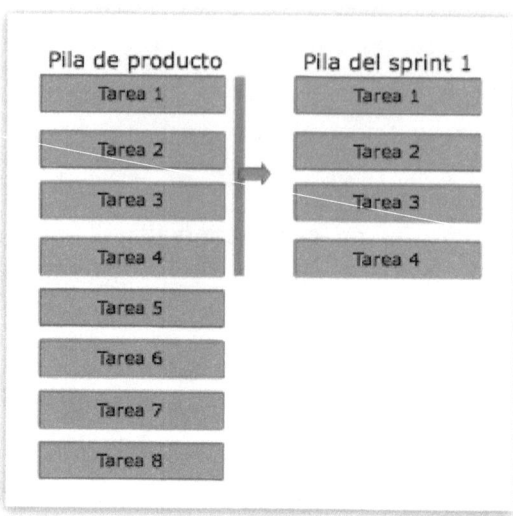

Figura 7.1 La Pila de Sprint se forma a partir de la Pila de Producto. La Pila de Producto ha de estar previamente refinada y priorizada. Autor: Antonio Montes.

5. Una vez comenzado el Sprint, el equipo se reúne diariamente para que todos los miembros se sincronicen. A esta reunión se le llama **Scrum Diario** (*Daily Scrum* en inglés). También se suele denominar simplemente «*Daily*».

6. Ir refinando las tareas de la Pila de Producto que son candidatas a entrar en el siguiente Sprint, de forma que quede claro lo que hay que hacer. Esas reuniones periódicas se llaman reuniones de **Refinamiento de Pila** (***Backlog Refinement*** *meeting* en inglés). En la Pila de Producto las últimas tareas están poco refinadas y son meras declaraciones de intenciones. Según se va acercando el Sprint que las pueda acometer, se

van refinando y trabajando con el equipo, hasta dejarlas completamente definidas. Es en este momento cuando se dice que las tareas están listas o que cumplen la **Definición de «Listo»**. En inglés se llama ***Definition of Ready*** o **DoR**, y es otro concepto más del vocabulario de Scrum.

7. Tras finalizar el primer Sprint, mostrar al cliente lo que se ha logrado hacer, para recibir la realimentación de este. Esta reunión se conoce como **Revisión de Sprint** (***Sprint Review*** en inglés). Al producto o trabajo acabado en un Sprint se le llama **Incremento**. Las tareas, para considerarse acabadas, deben cumplir la **Definición de «Hecho»** que se haya acordado. En inglés se llama ***Definition of Done*** o **DoD**, otro concepto más de Scrum a tener en cuenta.

8. Parar y reflexionar sobre cómo ha ido la marcha del Sprint, aplicando así la mejora continua (*Kaizen*, ¿se acuerda?) y ser cada vez más productivos. Esta reunión se denomina **Retrospectiva de Sprint** (***Sprint Retrospective*** en inglés).

9. Volver a repetir el ciclo, planificando otro Sprint, y así constantemente: ¿se acuerda del OODA? Constantemente Observar, Orientar, Decidir y Actuar.

Resumen

Scrum consta de un vocabulario propio que hay que conocer. Dicho vocabulario lo forman:

- 3 roles: Scrum Master, Dueño de Producto y Equipo de Desarrollo.

- 5 reuniones o ceremonias: Planificación de Sprint, Scrum Diario, Refinamiento de Pila, Revisión de Sprint y Retrospectiva de Sprint.

- 3 utensilios o artefactos (***artifacts*** en inglés): Pila de Producto, Pila de Sprint e Incremento.

Una vez introducido el nuevo vocabulario, veamos cada rol, ceremonia y utensilio en detalle.

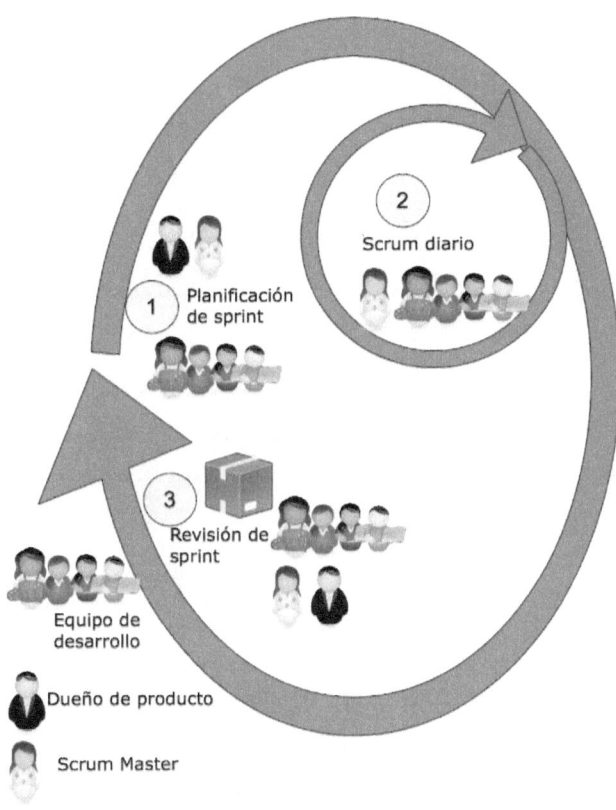

Figura 7.2 Ciclo iterativo de Scrum, donde la planificación y la revisión se repiten en cada Sprint, y las reuniones de sincronización se repiten diariamente (Scrum Diario). Autor: Antonio Montes.

Capítulo 8: Roles en Scrum

8.1 Scrum Master

El Scrum Master es el líder facilitador de la Teoría Z de Ouchi (entregar confianza al equipo y entender que todo el mundo busca la autorrealización y está deseando asumir responsabilidades y que se confíe en ellos, ¿se acuerda?). No es un jefe, sino un líder. Por lo tanto, no asigna el trabajo y no dice el cómo se tienen que hacer las cosas, sino que facilita la labor del equipo, proporcionando a este lo que necesite para realizar su trabajo, eliminando impedimentos.

Es a la vez mentor y coach. Mentor significa que enseña al equipo la metodología Scrum y los principios del agilismo. Coach significa que obtiene el máximo rendimiento del equipo, sabiendo hacer las preguntas adecuadas. Un coach no es un consejero, sino alguien que lo escucha atentamente y lo ayuda a reflexionar con las preguntas adecuadas, de forma que sea usted el que llegue a las conclusiones por sí mismo. El coaching es un arte.

También se encarga de vigilar el estado del equipo, detectando posibles disfunciones (¿se acuerda de las cinco disfunciones de Lencioni?). Si un miembro del equipo está intranquilo o a disgusto, el Scrum Master tendrá una sesión en privado con esta persona y, mediante técnicas de coaching, escuchará sus problemas y lo ayudará a encontrar las repuestas que busca. Las técnicas de coaching no tienen que ver nada con manipular, sino con escuchar con atención, conectar con la persona y construir juntos a partir de ahí. Una típica pregunta de coaching es ¿cómo vas a hacer esto? De esta forma el coach ayuda al «*coacheado*» a encontrar las respuestas. Muchas veces la respuesta a los problemas está en nosotros mismos, solo que no sabemos hacernos las preguntas adecuadas. Decir que «algo es imposible» no aporta nada, pero preguntarse «¿cómo voy a conseguir esto?» es una pregunta muy potente que pone en funcionamiento a todo nuestro cerebro para encontrar una solución.

Otra misión del Scrum Master es conseguir que el equipo se auto-organice y no necesite más de esta figura. Puede resultar paradójico, y debe ser de los pocos trabajos donde la finalidad es hacer que se prescinda de uno. Puede sonar auto destructivo, pero es lo que debería ser. Por ello yo siempre digo que la labor de Scrum Master es vocacional: los éxitos se los lleva el equipo y nunca queda reconocimiento para este rol. El Scrum Master está en la sombra, apoyando al equipo y facilitando su labor. Un equipo auto-organizado se reúne sin que lo proponga el Scrum Master y resuelve los impedimentos por sí mismo.

Hoy en día no se entiende en las empresas la labor del Scrum Master y aún sigo viendo ofertas de trabajo donde se piden conocimientos, para el rol de Scrum Master, propios de un desarrollador software. El Scrum Master es mejor que no sea un experto técnico, para no «dirigir al equipo». Cuanto menos sepa del trabajo que realiza el equipo, menos hará de «consejero» y más hará de coach.

Antonio Montes Orozco

8.2 Dueño de Producto

El Dueño de Producto es el responsable de que la Pila de Producto esté actualizada y priorizada debidamente. Es el representante de Negocio dentro del equipo y su figura plasma la colaboración estrecha que hay entre Negocio y el Equipo de Desarrollo.

Su función es negociar con los usuarios y clientes y estar constantemente analizando la Pila de Producto, para que esté actualizada y priorizada.

Un Dueño de Producto ha de entender que el equipo funciona por demanda, y no por asignación. El equipo va cogiendo las tareas de la Pila de Sprint. Su rol no tiene que ver nada con la figura clásica de jefe de proyecto. No asigna las tareas, sino que el equipo las va cogiendo de la Pila de Sprint (eso es precisamente lo que significa que el equipo funciona por demanda).

Si el Dueño de Producto realiza bien su trabajo, la Pila de Producto contendrá tareas bien priorizadas y listas para ser acometidas por el equipo. El equipo irá avanzando a un ritmo constante y sostenible e irá sacando adelante tareas con valor para Negocio. Como dicha lista está priorizada, las tareas que va sacando el equipo adelante son las que producen más retorno de la inversión. Un Dueño de Producto que no realiza su labor deja «vendido» al equipo, sobre todo en la reunión de Planificación de Sprint, pues el equipo no sabe qué tareas tiene que acometer.

Es responsabilidad del Dueño de Producto refinar la Pila de Producto con regularidad, para que las tareas candidatas a entrar en el siguiente Sprint estén preparadas para ser acometidas por el equipo y cumplan el DoR (Definición de «Listo» o D*efinition of Ready* en inglés).

8.3 Equipo de Desarrollo

El Equipo de Desarrollo está auto-organizado y empoderado, es decir, se le entrega la confianza para decidir cómo va a realizar las tareas. El Dueño de Producto decide el qué, pero el Equipo de Desarrollo decide el cómo. Precisamente por implicarse y decidir el cómo, se compromete (acuérdese de Stephen Covey y de su principio sobre que no hay compromiso sin participación). Un equipo verdaderamente auto-organizado funciona solo y no necesita la figura del Scrum Master para reunirse diariamente en la «Daily». Pero eso no se consigue con facilidad y puede que necesiten al Scrum Master durante semanas o incluso indefinidamente.

Los equipos de desarrollo, aparte de ser auto-organizados, son multidisciplinares. Esto significa que son capaces de hacer el trabajo en su conjunto. Por ejemplo, si estamos con proyectos de reformas, el Equipo de Desarrollo contendrá un escayolista, un electricista, un fontanero, etc. Su tamaño debería estar comprendido entre 3 y 7 miembros. Más pequeño no podría llevar a buen término los trabajos, y más grande supondría un problema de comunicación en el equipo.

El que un equipo no sea multidisciplinar y no pueda acometer el trabajo por sí mismo implica dependencias con otros especialistas o con otros departamentos, si estamos hablando de una gran organización. Tener dependencias externas no trae más que problemas, pues las áreas o los especialistas de los que se depende no tienen por qué aplicar Scrum y no tienen por qué adaptarse al ritmo de entrega por Sprints. Esta circunstancia puede hacer que no se pueda aplicar Scrum.

Capítulo 9: Reuniones o ceremonias en Scrum

Scrum establece una serie de reuniones, en las cuales se crea el contexto para que el equipo participe en las decisiones y pueda comprometerse.

9.1 Planificación de Sprint

Esta reunión tiene lugar antes de que empiece el Sprint. En ella, el Dueño de Producto presenta las tareas que hay en la Pila de Producto. El equipo estima tarea por tarea. Fíjense en que se entrega la confianza al equipo para que sea este el que estime el esfuerzo que le conllevará hacer el trabajo. Es el empoderamiento o la entrega de confianza que veíamos en la Teoría Z. Ya que es el equipo el que va a realizar el trabajo, solo a él le corresponde estimar el esfuerzo que implicará. El Scrum Master facilita la reunión, pero no estima. El Dueño de Producto está presente para resolver dudas, pero tampoco estima. A esta reunión no se puede llegar con las tareas sin refinar, pues se perdería mucho tiempo tratando de averiguar qué hay que hacer, qué implicaciones tiene el trabajo o qué dependencias hay. Por ello, antes de llegar a esta reunión, hay que tener varias reuniones de Refinamiento de la Pila de Producto. Es responsabilidad del Dueño de Producto que esto ocurra.

Cuando el equipo ha estimado varias tareas y cree que ya ha llegado al máximo de estas que puede acometer en un Sprint, para de estimar y se forma la Pila de Sprint, que contendrá todas aquellas tareas que han sido seleccionadas para ser realizadas en el Sprint que empieza.

Antonio Montes Orozco

Es altamente recomendable que se escriban las tareas del Sprint en pósits y se peguen en un panel (o una pared, o una ventana o donde sea). El ser humano es muy visual y, como veremos más adelante, es mejor que todo el equipo pueda reunirse en torno al panel con las tareas del Sprint. Scrum prescribe la duración de esta reunión, pero es mejor que descubra cuál es la duración adecuada para su equipo.

Es una reunión clave, pues es donde se forja el compromiso del equipo ante el trabajo que se avecina. Es una reunión larga que puede llevar más de varias horas, así que téngalo en cuenta.

9.2 Scrum Diario o «*Daily*»

Diariamente el equipo se reúne para que todos los miembros se sincronicen entre sí. En ella, cada miembro del equipo responde a las tres preguntas siguientes:

1. ¿Qué hice ayer?

2. ¿Qué impedimento me encontré en mi camino?

3. ¿Qué voy a hacer hoy?

Esta reunión es rápida, de unos quince minutos, para no perder tiempo. Es importante que se haga siempre a la misma hora y en el mismo sitio. Para enfatizar la brevedad de esta reunión, se suele hacer de pie, de forma que los miembros del equipo no se acomoden demasiado.

Un fallo típico es que los miembros se dirijan al Scrum Master para darle el informe de avance. Eso es un error, pues el Scrum Master es el líder, pero no es el «jefe». Cada miembro del equipo, cuando hable, ha de dirigirse al resto de sus compañeros, pues es una reunión de sincronización entre todos. Los impedimentos que se anuncien serán resueltos por el equipo, y el Scrum Master ayudará a solucionarlos.

El Dueño de Producto no suele intervenir, salvo para resolver dudas. No tiene por qué asistir a la reunión. Recordemos que el Dueño de Producto tampoco es el «jefe». En esta metodología no hay jefes, hay roles y mucho trabajo en equipo.

Esta es la reunión favorita de los equipos y le ven valor desde el principio. La exposición en público de lo que hemos hecho y de los problemas que nos hemos encontrado supone la puesta en práctica de la participación plena. Al mismo tiempo, nos reafirma en nuestro compromiso con las tareas a realizar, ayudándonos a estar más centrados en el trabajo cotidiano, ya que tendremos que dar cuentas del mismo en el «Daily» del día siguiente.

9.3 Refinamiento de Pila

En la Pila de Producto, las tareas que ocupan las posiciones más bajas son las menos prioritarias. Se trata muchas veces de meras intenciones que tiene el Dueño de Producto con respecto al trabajo que hay que realizar. Según se va acercando el Sprint que puede que acometa dichas tareas, estas hay que irlas refinando para que el equipo las entienda y quede disipada cualquier duda que pueda haber con respecto a su resolución: dependencias, dificultades previsibles, riesgos asociados, etc. Las tareas refinadas quedan listas para ser acometidas por el Equipo de Desarrollo y pasan a cumplir el **DoR** (Definición de «Listo» o *Definition of Ready* en inglés).

Por ello, el Dueño de Producto convocará al equipo, a intervalos regulares, para refinar la Pila de Producto.

Una Pila de Producto con calidad es aquella donde las primeras tareas, las más prioritarias, están todas refinadas (cumplen el DoR) y listas para ser acometidas por el Equipo de Desarrollo. Según nos vayamos alejando de las primeras posiciones, las tareas irán estando menos refinadas.

9.4 Revisión de Sprint

En esta reunión el equipo enseña al Dueño de Producto lo que ha logrado durante el Sprint que acaba de finalizar. El Dueño de Producto da realimentación sobre lo presentado y aclara ideas. De esta forma, el Equipo de Desarrollo tiene una realimentación muy valiosa sobre lo que está entregando y puede ajustar su esfuerzo en la dirección deseada por el Dueño de Producto. También sirve para que el Dueño de Producto aclare ideas sobre lo que realmente quiere. Se da el caso de que muchas veces el cliente no sabe lo que quiere hasta que no se le muestra algo y aclara ideas.

Este proceso iterativo se realiza en cada Sprint y es resultado del proceso OODA (Observar, Orientar, Decidir y Actuar) que aprendió Jeff Sutherland en la Fuerza Aérea.

9.5 Retrospectiva de Sprint

Esta es una de las reuniones más importantes en Scrum, pues es donde el equipo aprende de los errores y madura (*Kaizen* o mejora continua, ¿se acuerda?). Es una reunión para reflexionar sobre qué prácticas han sido exitosas, y hay que mantener, y qué prácticas pueden mejorarse. En la reunión, el equipo debate abiertamente y con confianza, comprometiéndose a acciones concretas de mejora. Esta reunión tiene lugar al finalizar el Sprint y tras haber tenido la Revisión del Sprint.

La duración de esta reunión puede ser de varias horas, por lo que téngalo en cuenta para la primera que organice.

A lo largo de mi vida profesional me he encontrado a gente que no le veía valor a esta reunión. Dichas personas pertenecían tanto a la dirección de la empresa como a los mandos medios, o incluso a los propios integrantes del Equipo de Desarrollo. La mejora continua o *Kaizen* es lo que permite que un equipo aprenda de los errores y sea cada vez más eficiente, hasta formar un equipo de alto rendimiento, el cual sacará adelante el doble de trabajo y en la mitad de tiempo. Es un proceso de meses, pero merece la pena perseverar y tener fe. Si las acciones de mejora no reciben seguimiento, puede que el equipo deje de ver valor a esta reunión. Por ello, aconsejo que se haga seguimiento de las acciones que se decidan y, al comienzo de esta reunión, se haga un repaso de cómo está el estado de las acciones que se decidieron en la retrospectiva anterior.

Antonio Montes Orozco

9.6 Resumen

En este capítulo hemos visto con detenimiento las reuniones o ceremonias de las que consta Scrum:

- Planificación de Sprint, que sería la primera y es donde el equipo se compromete a lo que va a realizar en el siguiente Sprint que empieza.

- Scrum Diario o «Daily», que es la reunión diaria de sincronización que realiza el equipo.

- Refinamiento de Pila. Es una reunión que solicita el Dueño de Producto para ir dejando preparadas las siguientes tareas que entrarán en el siguiente Sprint. El resultado del refinamiento ha de ser el cumplimiento del DoR (Definición de «Listo», o *Definition of Ready* en inglés) para las siguientes tareas que hay en la Pila de Producto.

- Revisión de Sprint. Tras acabar un Sprint, se muestra al Dueño de Producto el resultado, para recibir la realimentación de Negocio y reajustar.

- Retrospectiva de Sprint. El equipo reflexiona sobre qué cosas hay que mantener, por estar saliendo bien, y qué cosas hay que mejorar. Esta reflexión es lo que crea equipos de alto rendimiento.

Capítulo 10: Utensilios o artefactos en Scrum

10.1 Pila de Producto

La Pila de Producto es la lista de todas las tareas que hay que realizar para acabar el trabajo. Están priorizadas en base al valor que aportan al Negocio, por lo que las primeras son las que más valor aportan y las últimas las que menos.

Es responsabilidad del Dueño de Producto priorizarlas y realizar sesiones periódicas de refinamiento con el equipo. Las tareas que son candidatas a entrar en el siguiente Sprint han de estar listas para ser acometidas por el equipo (que cumplan el DoR o Definición de «Listo», ¿se acuerda?), de ahí que sea tan importante ir refinando las tareas susceptibles de ser acometidas en el siguiente Sprint.

Si conocemos la velocidad del equipo y estimamos las tareas que quedan por hacer de la Pila de Producto, podremos tener una estimación de los Sprints que necesitaríamos para acabar todo el trabajo.

Recordemos que es responsabilidad del Dueño de Producto mantener al día la Pila de Producto.

Hemos comentado que las tareas se han de priorizar en base al valor que aportan al Negocio, pero hay tareas que son muy rápidas de hacer y aportan algo de valor, por lo que puede que merezca la pena priorizarlas frente a otras que aporten más valor pero sean más largas de terminar. Por ello, para priorizar, se pueden colocar las tareas en una matriz coste-valor. Aquellas que cuesta poco hacerlas y aporten gran valor serían candidatas a entrar las primeras. Después vendrían las que cuesta mucho hacer y no aportan tanto valor.

10.2 Pila de Sprint

La Pila de Sprint es la lista de tareas que se acometerán en el Sprint que empieza. Están priorizadas en base al valor que aportan a Negocio. En el capítulo 11 le explico cómo se estima y, en el capítulo 12, le explico qué es la velocidad del equipo y cómo se utiliza para saber hasta qué tarea se puede comprometer el equipo, de cara al siguiente Sprint. También veremos, en el capítulo 11, lo que son los puntos de historia y cómo se utilizan en las estimaciones. Tras la reunión de Planificación de Sprint, es responsabilidad del Scrum Master crear la Pila de Sprint y presentársela al Dueño de Producto para que esté informado.

Durante el Sprint no se puede modificar la Pila de Sprint, pues es un compromiso cerrado entre el Dueño de Producto y el equipo. Como todo en la vida, puede haber excepciones, pero siempre consensuadas y negociadas con el Dueño de Producto. Pero han de ser excepciones. Si, de forma habitual, se rompe la Pila de Sprint y entran tareas nuevas que son muy urgentes, puede que Scrum no se adecue a su Negocio y tenga que explorar otras metodologías ágiles, como puede ser Kanban, por ejemplo.

Antonio Montes Orozco

10.3 Incremento

El Incremento es la parte del trabajo que se termina al finalizar el Sprint. Lo acabado aporta valor al Negocio. Como el Dueño de Producto ha tenido el cuidado de priorizar las tareas, ese Incremento es lo que más valor podría aportar al cliente. Aún faltan tareas por hacer, pero no son tan importantes ni aportan tanto valor. El Incremento no es todo lo que hay que hacer, pero sí lo más importante. Por lo tanto el cliente, al verlo, ya se puede hacer una idea de lo que se le va a entregar al final y ya puede dar una valiosa realimentación en la reunión de Revisión de Sprint.

Hay que intentar que lo que se entregue pueda ser ya utilizado por el cliente. Si el trabajo consiste en realizar informes financieros, el Incremento consistiría en tener algún informe ya listo para entregar al cliente. Si el trabajo es de reformas en una casa, el Incremento consistiría en tener ya una parte lista para que el cliente pueda instalarse y disfrutar de ella. O bien, si el trabajo consiste en que los alumnos de un colegio aprendan una asignatura, el Incremento consistiría en haber estudiado ya una de las lecciones del temario.

10.4 Mínimo Producto Viable (MPV)

Aunque el MPV no es un utensilio o artefacto oficial de Scrum, es un concepto ampliamente extendido en el universo del agilismo. Se trata de determinar qué es lo mínimo que se puede hacer, que se pueda entregar al cliente y que le aporte valor. Por ejemplo, si tenemos que generar un grupo de diez informes de economía, el MPV consistiría en tener al menos los dos o tres informes principales que aportan más valor. Al entregar el MPV al cliente, este ya tendría los informes más valiosos y podría dar al equipo una realimentación sobre qué le han parecido.

10.5 Resumen

En el capítulo 7, cuando le presenté el vocabulario de Scrum, le hablé de utensilios o artefactos. En este capítulo los hemos visto de forma más extensa: Pila de Producto, Pila de Sprint e Incremento.

La Pila de Producto son todas las tareas que hay que realizar, priorizadas en base al valor que aportan al Negocio. En la priorización también es bueno tener en cuenta el esfuerzo que va a conllevar realizarlas.

La Pila de Sprint contiene las tareas que el equipo se compromete a terminar en un Sprint. Hemos visto que la Pila de Sprint es un compromiso del equipo y que no es bueno modificarla durante el Sprint. Si se realiza a menudo, sería más interesante utilizar Kanban, por ejemplo.

El Incremento es el conjunto de tareas acabadas en un Sprint. Son tareas que aportan valor al Negocio y que, por tanto, el cliente puede utilizar ya, dando así una valiosa realimentación al equipo.

Por último he presentado el concepto de MPV (Mínimo Producto Viable), que es un término muy utilizado en el mundo del agilismo. Es la mínima porción de producto que podemos poner en manos del cliente y que le aporta valor.

Capítulo 11: Estimación de tareas

Hemos visto que, en la reunión de Planificación de Sprint, el equipo estima el esfuerzo que conlleva cada tarea, para poder saber hasta qué tarea de la Pila de Producto se puede comprometer en el siguiente Sprint pero, ¿cómo se estiman las tareas? ¿Qué mecanismo se utiliza?

11.1 El ser humano es mejor comparando que estimando tiempos

El ser humano es un experto comparando cosas entre sí. Por ejemplo, si conocemos la altura de un edificio y lo tomamos como referencia, podemos estimar la altura de los edificios de alrededor. Si la altura del edificio en cuestión es X, por comparación, podemos deducir que la altura de los edificios adyacentes es de 2X y 3X, respectivamente. No nos cuesta nada estimar por comparación, tomando como referencia aquello que conocemos.

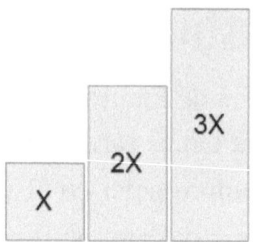

Figura 11.1 Estimación por comparación con una referencia conocida. Conocida la altura de un edificio (X), calculamos la altura de los edificios adyacentes por comparación.

Sin embargo, el ser humano no es bueno estimando en base al tiempo. Tendemos a irnos por arriba o por abajo. En gestión clásica de proyectos se han cometido tradicionalmente dos errores:

- El primero, estimar en base al tiempo. Antiguamente no se empoderaba al equipo y no se le entregaba confianza, por lo que el equipo tenía que afrontar fechas de entrega imposibles. Eso hacía que, en las raras ocasiones en las que se le consultaba, diese tiempos muy holgados en las estimaciones, para evitar horas extras y ritmos de trabajo estresantes.

- El segundo error, no tener en cuenta al equipo para las estimaciones. Como ya ha aprendido, esto lleva a que el equipo no pueda comprometerse con la estimación que el jefe de proyecto ha realizado por ellos, pues sin participación no hay compromiso (principio de Stephen Covey, ¿se acuerda?).

Entonces, si no es bueno estimar en base al tiempo, ¿qué unidad tomamos como referencia para estimar? En el siguiente apartado le presento el concepto de punto de historia.

11.2 El concepto de punto de historia

En Scrum se estiman las tareas (también llamadas historias de usuario) en base a puntos de historia. Un punto de historia es el esfuerzo que conlleva realizar la tarea más sencilla posible. Por ejemplo, si somos una empresa de reformas, podemos convenir con que la tarea más sencilla que podemos acometer es instalar un enchufe. Le asociamos un punto de historia y el resto de tareas se estiman por comparación con ella. Si, por ejemplo, poner una baldosa es el doble de complicado que poner un enchufe, lo estimamos en dos puntos de historia.

De cara a estimar, tenemos infinitas posibilidades. Para acotar los posibles valores, se utilizan las series de Fibonacci. Lo vemos a continuación.

11.3 Las series de Fibonacci

Las series de Fibonacci son de la forma 0, 1, 2, 3, 5, 8, 13, 21, 34, etc. Si se fija, cada número es la suma de los dos números anteriores. Por lo tanto, sólo podemos elegir 1 punto de historia, ó 2, ó 3, ó 5, etc. Eso nos simplifica la estimación. Además, el empleo de series de Fibonacci tiene otra gran propiedad, que consiste en compensar la complejidad. Imaginemos que estamos evaluando la complejidad de quitar una ventana y cambiarla. No podemos elegir 25 ó 30, así que elegimos 34, que es el valor más próximo a lo que estamos pensando. Las series de Fibonacci, al ir aumentando cada vez más, van compensando la estimación que se da a las tareas más complejas.

Para no tener que apuntarnos la serie de Fibonacci cada vez que estimemos en una reunión de Planificación de Sprint, se inventaron las cartas de estimación Scrum, también llamadas **Cartas de Póker de Planificación Scrum** (*Scrum Planning Poker* en inglés). Me quedé muy sorprendido la primera vez que las vi. Más sorprendido me quedé cuando me enteré de que incluso había aplicaciones para smartphones.

11.4 Cartas de Póker de Planificación Scrum y su uso en la estimación

Recuerde cuando expliqué la reunión de Planificación de Sprint. En dicha reunión se estimaban las tareas que iban a entrar en el siguiente Sprint. El proceso para estimar cada tarea es el siguiente:

1. El Dueño de Producto explica la tarea, que ya ha sido refinada previamente.

2. Los miembros del equipo debaten sobre la complejidad de la tarea, sus repercusiones y las posibles dependencias que haya.

3. Los miembros del equipo votan los puntos de historia que van a asignar, eligiendo una carta con el valor estimado, pero sin mostrarla.

4. Todos a la vez muestran las cartas. Es importante que todos lo hagan a la vez, para evitar que los líderes del equipo influyan en la votación de sus compañeros.

5. Unos coincidirán, pero otros habrán estimado más puntos y otros menos. Se establece un diálogo, donde los más optimistas y los más pesimistas explican sus razones.

6. Se repite el proceso de votación hasta que todos están alineados y llegan a un consenso.

Con práctica se realiza este proceso de forma muy rápida. Como las cartas sólo contienen los valores de la serie de Fibonacci, no hay mucho donde elegir. Esto acelera el proceso de estimación. Esta forma de estimar, donde todos conocen el valor elegido por el resto, se llama **Delphi de Banda Ancha**. Es un método creado en los años 70 y se utiliza con profusión en el mundo ágil.

Se demuestra empíricamente que la estimación resultante es muy cercana al esfuerzo real que conlleva la tarea. Scrum tiene ya muchos años y es el marco de trabajo ágil más extendido. Hay años de práctica a sus espaldas, con probados resultados. Créame, esta forma de estimar es muy precisa, aunque no lo parezca. Cuesta trabajar al principio con un concepto tan abstracto como el punto de historia, pero luego el equipo se acostumbra y se llega a una precisión y una predictibilidad asombrosas.

Antonio Montes Orozco

11.5 Días ideales

Otra práctica consiste en asimilar un punto de historia a un día ideal. Es decir, un punto de historia sería el trabajo que se puede realizar en una jornada laboral, donde el trabajador no es interrumpido y se dedica plenamente a la tarea. De ahí que se le llame día ideal.

Utilizar días ideales es perverso, pues se cambia el concepto abstracto del punto de historia por la dimensión temporal. Recordemos que el ser humano no es bueno estimando en base al tiempo, por lo que se perderá exactitud en las estimaciones.

En el siguiente capítulo veremos cómo se relacionan todos estos conceptos con la velocidad del equipo.

11.6 Resumen

- Hemos visto que el ser humano no estima bien en base al tiempo. De hecho, es una de las razones por las que los proyectos clásicos no suelen acabar a tiempo.

- Si tomamos la tarea más sencilla como referencia, el resto las podemos estimar en base a la tarea de referencia, por comparación. Curiosamente, el ser humano sí que es un experto comparando.

- La medida básica es el punto de historia, que equivale al esfuerzo de realizar la tarea más sencilla.

- Para elegir los posibles valores se utilizan las series de Fibonacci. Esto nos da dos ventajas: nos reduce el número de valores posibles, y los valores altos nos compensan la estimación de las tareas más complejas.

- Otra práctica consiste en utilizar días ideales. Un punto de historia sería el trabajo que se puede realizar en una jornada laboral ideal, sin interrupciones, pero no aconsejo utilizarlos. Más adelante, cuando explique el concepto de la velocidad, se verá claro por qué no es conveniente utilizar días ideales.

- Existen cartas de estimación, llamadas Cartas de Póker de Planificación Scrum (*Scrum Planning Poker* en inglés). Existen incluso aplicaciones de Cartas de Póker de Planificación Scrum para el smartphone.

Capítulo 12: Velocidad

12.1 Definición de velocidad

La velocidad en Scrum se define como la cantidad de puntos de historia que es capaz de acabar el equipo en cada Sprint. En el primer Sprint no sabemos la velocidad real del equipo, aparte de que el equipo, probablemente, no esté habituado a trabajar junto y no sea de alto rendimiento. Pero en el primer Sprint se sacarán adelante una serie de puntos de historia, por lo que ya tendremos una aproximación de la velocidad que empieza a tener el equipo. La velocidad nos indicará también, en la reunión de Planificación de Sprint, la cantidad de tareas a las que podemos comprometernos. Así, Sprint a Sprint, iremos reajustando y conociendo nuestra velocidad real, por lo que empezaremos a ser «predecibles».

12.2 Predictibilidad del equipo

Un equipo es predecible cuando cumple con los puntos de historia con los que se compromete. Por ello, es vital que el equipo conozca su velocidad. Un equipo que conoce su velocidad se compromete, en la planificación del siguiente Sprint, a finalizar los puntos de historia que sabe que puede sacar adelante, siendo así tremendamente predecible.

Si el equipo estima las tareas de la Pila de Producto, se puede tener una estimación muy certera de los Sprints que quedan para acabar todo el trabajo que hay que realizar. Esto es muy importante para saber si se podrá entregar todo, o bien si habrá que quitar funcionalidad menos importante para poder alcanzar una fecha de entrega, en caso de que la haya.

12.3 Compromiso en la Planificación de Sprint

Por ejemplo, consideremos un equipo donde hay 6 tareas en la Pila de Producto. Sabemos que el equipo tiene una velocidad de 45 puntos de historia por Sprint. En la reunión de planificación, el equipo estima y asigna a cada tarea las estimaciones siguientes:

- Tarea 1 = 13 puntos de historia

- Tarea 2 = 20 puntos de historia

- Tarea 3 = 8 puntos de historia

- Tarea 4 = 2 puntos de historia

- Tarea 5 = 20 puntos de historia

- Tarea 6 = 2 puntos de historia

De cara a comprometerse para el siguiente Sprint, el equipo va eligiendo tareas en orden, pues estas están priorizadas y las primeras son las que aportan más valor. Sumando puntos de historia, vemos que hasta la tarea 4 llevamos 43 puntos de historia, por lo que no cabría la tarea 5, que es de 20 puntos de historia, y la velocidad del equipo es de 45 puntos de historia. Por lo tanto, la tarea 5 se queda fuera, entrando en su lugar la tarea 6, que sólo implica 2 puntos de historia, sumando así los 45 puntos de historia que marca la velocidad del equipo.

Todo el equipo ha estimado y todo el equipo ha participado en la planificación, por lo que todo el equipo está comprometido a sacar, en el siguiente Sprint, las tareas 1, 2, 3, 4 y 6.

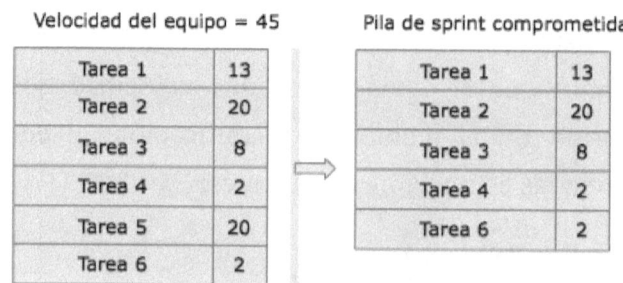

Figura 12.1 Ejemplo de cómo se construye la Pila de Sprint a partir de la Pila de Producto, en base a la velocidad del equipo y a las estimaciones de las tareas.

12.4 Evolución de la velocidad

La velocidad debería ir aumentando y el equipo debería ser capaz de ir finalizando cada vez más puntos de historia en cada Sprint. Pero esta regla no tiene por qué cumplirse si, en vez de emplear puntos de historia, se emplean días ideales en las estimaciones. Imaginemos que tenemos un Equipo de Desarrollo de 5 profesionales. En dos semanas, podrían finalizar 50 días ideales de trabajo (10 días ideales por persona, 5 días ideales por persona y semana). Ese es el trabajo que podrían sacar y siempre será el mismo, por lo que su velocidad permanecerá constante en el tiempo. Además, los días ideales introducen la variable tiempo, con toda la perversión que ello conlleva (malas estimaciones y la sensación de que la velocidad está estancada).

Sin embargo, un equipo que emplea puntos de historia y se abstrae de la dimensión del tiempo irá viendo cómo su velocidad crece paulatinamente y cómo estima cada vez mejor, siendo cada vez más productivo.

12.5 Resumen

- En este capítulo presentamos el concepto de la velocidad del equipo, que se define como la cantidad de puntos de historia que el equipo finaliza por Sprint.

- Conocer la velocidad permite que el equipo sea predecible y sepa en cuántos Sprints puede acabar todo el trabajo.

- La velocidad no se conoce en el Sprint 1, pero, Sprint a Sprint, se va averiguando y permite ser predecible. Ser predecible consiste en que el equipo finaliza de verdad los puntos de historia comprometidos en la reunión de Planificación de Sprint.

- La velocidad es un parámetro que debería ir aumentando con el tiempo, salvo que se empleen días ideales en la estimación. Con puntos de historia se observa cómo el equipo es cada vez más productivo, mientras que, con días ideales, los puntos comprometidos serán siempre los mismos. Por ello recomiendo abstraerse de la dimensión del tiempo y emplear puntos de historia en su lugar.

Capítulo 13: Qué hacer con las historias que no da tiempo a terminar durante el Sprint

Hemos aprendido cómo se estima el esfuerzo que conllevarán las tareas. Hemos aprendido el concepto de punto de historia para estimar y cómo se aplica para calcular la productividad o velocidad del equipo. Como siempre, la teoría es clara y parece fácil aplicarla pero, cuando uno baja a la realidad, se da cuenta de que las cosas no son tan sencillas y que hay muchas excepciones a la regla que hay que saber gestionar. Una de ellas tiene que ver con qué se hace cuando, al final de un Sprint, no ha dado tiempo a finalizar todas las tareas comprometidas. El punto de vista estricto nos dice que, si no se termina, es como si no se hubiese entregado nada, impactando en la velocidad del equipo. Este hecho decepciona mucho a los equipos, porque ellos sí que han estado trabajando y han finalizado puntos de historia, solo que no han terminado alguna tarea que se ha quedado a medias. Es ahí cuando empiezan las prácticas perversas para maquillar la velocidad y reflejar en esta todo el trabajo realizado.

Si los equipos se empeñan en maquillar su velocidad, deberíamos preguntarnos si se sienten vigilados y si se están perdiendo la confianza. Cuando un equipo se siente vigilado y siente que su beneficio económico (ya sea en forma de bonus o cualquier otro incentivo económico) depende de la métrica basada en la velocidad, tengamos por seguro que se obsesionará con que todo lo realizado «cuente».

Antonio Montes Orozco

Por ello, expongo algunas prácticas que he visto a lo largo de mi vida profesional, aclarando cuáles me parecen razonables y cuáles desaconsejo.

13.1 Estrategia 1: Acumular los puntos de historia para el siguiente Sprint

Sea una tarea estimada en 10 puntos de historia. Al final del Sprint 1 la tarea no se termina. El equipo estima que, de los 10 puntos de historia iniciales, se han realizado unos 7 pero, como no se ha finalizado la tarea, los puntos entregados son 0, y cuentan 0 puntos para la velocidad. Para el siguiente Sprint (Sprint 2), vuelve a entrar la misma tarea, estimada otra vez en 10 puntos de historia. Como realmente sólo quedan 3 puntos de historia por terminar, la tarea se finaliza en el Sprint 2, por lo que se considera que se han entregado 10 puntos de historia, cuando en realidad solo se han realizado 3. Por lo tanto, acumular los puntos de historia para el siguiente Sprint consiste en asignar a la tarea, para el siguiente Sprint, los puntos de historia iniciales que se estimaron. Esta práctica la considero correcta y el equipo es libre de elegirla.

13.2 Estrategia 2: Reestimar la tarea para el siguiente Sprint

Sea una tarea estimada en 10 puntos de historia. Al final del Sprint 1 la tarea no se termina. El equipo estima que, de los 10 puntos de historia iniciales, se han realizado unos 7 pero, como no se ha finalizado la tarea, los puntos entregados son 0, y cuentan 0 puntos para la velocidad. Para el siguiente Sprint (Sprint 2), vuelve a entrar la misma tarea, estimada en 3 puntos de historia, que son los que quedan por terminar. Como la tarea estaba ya casi acabada, al final del Sprint se consigue acabar, por lo que se considera que se han entregado 3 puntos de historia. Por lo tanto, reestimar consiste en asignar a la tarea, para el siguiente Sprint, los puntos de historia que se considera que faltan por implementar. Esta práctica la considero correcta y el equipo es libre de elegirla.

13.3 Estrategia 3: Reestimar la tarea en medio del Sprint para finalizarla

Sea una tarea estimada en 10 puntos de historia. Se acerca el final del Sprint 1 y la tarea aún no ha sido finalizada, estimándose que, de los 10 puntos iniciales, se han realizado solo 7. El equipo está obsesionado por cumplir con su compromiso por lo que, en medio del Sprint, reestima la tarea en 7 puntos, para poder entregar 7 puntos al final del Sprint y dar la sensación de que han entregado lo comprometido. Esto es una forma de enmascarar las tareas que no se llegan a finalizar y denota que no hay confianza en el equipo para ser transparente, lo que puede ser síntoma de miedo a no cumplir con el compromiso. Por lo tanto, reestimar la tarea en medio del Sprint con el fin de cumplir el compromiso, consiste en asignar a la tarea los puntos de historia que se sabe que se acabarán, dando así una falsa sensación de entrega de lo comprometido. El objetivo es ser predecible de verdad y saber dividir el trabajo en tareas que quepan en un Sprint, gestionando las dependencias con tiempo. Si se reestiman las historias en mitad del Sprint, se corre el peligro de generar desconfianza en el Dueño de Producto y en el propio equipo. Por lo tanto, **esta práctica la desaconsejo**.

13.4 Resumen

Las historias que no se terminan al finalizar el Sprint, aportan 0 puntos de historia a la velocidad. Es como si no se hubiese realizado nada, aunque se haya trabajado algo en ellas. Ser estrictos obliga a partir mejor el trabajo en tareas y a refinarlas mejor, para solventar dependencias, riesgos o dudas que pueda haber. Aún así, los equipos que se sienten vigilados y presionados pueden realizar diversas prácticas para que el trabajo realizado «cuente en la velocidad. En la tabla muestro un resumen de las tres estrategias que acabamos de ver.

Sprint 1	Sprint 2	Estrategia
Estimados = 10 Entregados = 0 Terminados = 7	Estimados = 10 Entregados = 10 Terminados = 3	Acumular puntos de historia para el siguiente Sprint. Me parece correcto.
Estimados = 10 Entregados = 0 Terminados = 7	Estimados = 3 Entregados = 3 Terminados = 3	Reestimar en el siguiente Sprint. Me parece correcto.
Estimados = 10 Reestimados = 7 Entregados = 7 Terminados = 7	Estimados = 3 Entregados = 3 Terminados = 3	Reestimar en medio del Sprint para que lo hecho coincida con lo estimado. Lo desaconsejo.

Capítulo 14: Paneles visuales (Kanban)

Puede que haya leído algo sobre Scrum y haya visto que se emplean pósits pegados en paneles de cartón pluma o en pizarras portátiles. Efectivamente, se emplean. ¿Por qué? Pues porque el ser humano es tremendamente visual y asimila mejor las tareas cuando están escritas en un pósit que cuando las tareas están en una hoja de cálculo o en una herramienta digital (como las aplicaciones JIRA, Trello, LeanKit, etc.). De igual forma, el hecho de actualizar físicamente el estado de una tarea, moviéndola de columna en un panel, está más en consonancia con nuestra forma de ser que conectarse a una hoja de cálculo compartida y actualizar ahí el estado de la tarea.

En Scrum se suelen utilizar paneles **Kanban** para las tareas. La palabra Kanban es una palabra japonesa que significa «**tarjeta**». Los paneles Kanban se suelen dividir en columnas, donde se muestran las tareas que están por hacer, las tareas que están en proceso, las tareas pendientes de ser verificadas y las tareas acabadas. Pero cada equipo ha de elegir las columnas que mejor le convengan.

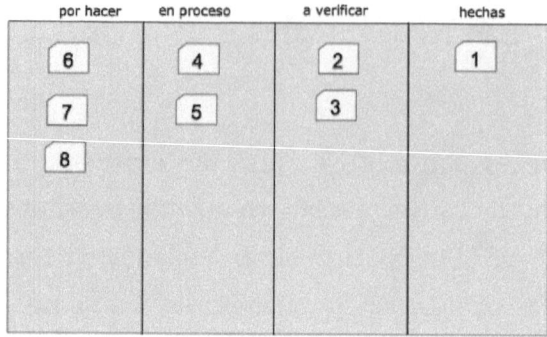

Figura 14.1 Panel Kanban con el flujo de tareas, donde se observa cuáles están por hacer, cuáles están en proceso, cuáles listas para verificar y cuáles han sido ya finalizadas. Autor: Antonio Montes.

Una ventaja de los paneles Kanban es que hablan por sí mismos. Imaginemos que tenemos un equipo de 3 personas y el panel refleja la información de la Figura 14.2. Mirando el panel, observamos que hay 6 tareas que se están realizando a la vez, lo que sugiere que el equipo está realizando multitarea. Ya vimos lo perjudicial que puede llegar a ser el cambio de una tarea a otra. También observamos que las tareas se están acumulando en la columna de pruebas (A verificar), lo que indica que tenemos un cuello de botella en el equipo.

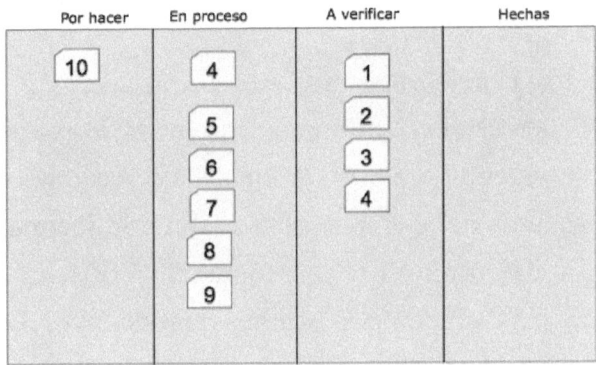

Figura 14.2 Panel Kanban con tareas, donde se aprecia que el equipo está realizando multitarea y que hay un cuello de botella en la fase de verificación. Autor: Antonio Montes.

Vemos que, de un vistazo, hemos detectado un cuello de botella (el de la columna verificación) y una mala práctica dentro del equipo (la de la multitarea). Por ello Scrum hace tanto hincapié en utilizar información lo más visual posible.

Los paneles Kanban entran dentro de lo que se denominan **radiadores de información**. En Scrum se tiende a que toda la información sea transparente y accesible. No hay nada que esconder. Si un responsable quiere saber cómo va el estado del proyecto, basta que se pase por el panel Kanban para ver qué tareas están en proceso, cuáles pendientes y cuáles están ya acabadas.

14.1 WIP

Ya puestos con los paneles Kanban, voy a aprovechar a introducirle el concepto de WIP, que es el **trabajo en curso** (*work in progress* en inglés). El WIP hay que intentar tenerlo lo más bajo posible, para evitar la multitarea (¿Se acuerda del ejercicio de los números decimales frente a los números romanos del capítulo 6?). Limitar el WIP hará que el equipo trabaje de forma más eficiente y sea más productivo. Limitar el WIP significa que el equipo no asume más trabajo, hasta que no se haya liberado algún integrante que pueda acometer más trabajo sin caer en la multitarea.

Entiendo que hay veces en las que nos atascamos con una tarea y no podemos seguir, por lo que sería improductivo no ponerse con otra tarea que está esperando en la Pila de Sprint. Por ello, se puede limitar el WIP al doble del número de integrantes del equipo, por ejemplo. De esta forma permitiríamos un máximo de dos tareas a la vez por cada integrante del equipo. Dependiendo de la naturaleza de su Negocio, usted deberá encontrar el WIP idóneo para su caso. Pero recuerde que es mejor mantenerlo siempre lo más bajo posible, para evitar el efecto perverso de la multitarea.

14.2 Resumen

- En el capítulo 9, cuando vimos en detalle las ceremonias de Scrum, comenté que la «Daily» se hacía frente a un panel con las tareas en pósits. En este capítulo hemos visto cómo se confeccionaría un panel Kanban y el significado de esta extraña palabra («tarjeta» en japonés).

- Los paneles Kanban hablan por sí mismos y nos ayudan a encontrar cuellos de botella o a detectar malas prácticas, como la multitarea.

- He presentado el concepto de WIP como el trabajo en curso (**Work In Progress** en inglés). El WIP hay que minimizarlo para que no haya multitarea y el equipo sea más productivo.

Capítulo 15: Cómo empezar a utilizar Scrum

Hasta ahora hemos visto los principios y valores en los que se fundamenta Scrum. Hemos aprendido su vocabulario propio, con sus roles, ceremonias y utensilios. También hemos visto cómo se estiman las tareas, el concepto de la velocidad y su relación con la predictibilidad del equipo. Incluso hemos visto qué es eso de los paneles Kanban y cómo se monta un panel que sea un radiador de información.

Ahora nos queda ver, con un ejemplo práctico, cómo implementar Scrum en un entorno que nada tenga que ver con el software. Recuerde que la clave de Scrum radica en que potencia el trabajo en equipo y consigue el compromiso de todos mediante la participación, por lo que es válido para cualquier trabajo que haya que realizar y que conlleve la sincronización de un equipo. Para ello, le propongo ponernos en el lugar de una empresa de reformas que quiere utilizar Scrum.

15.1 Ejemplo: Empresa de reformas

Me gusta especialmente este ejemplo, pues Jeff Sutherland cuenta en su libro, (Sutherland J., 2014), que quería hacer una reforma en su piso y se enteró de una empresa de reformas que tenía fama en su barrio. Daban estimaciones muy exactas y siempre entregaban a tiempo. Cuando Jeff les preguntó cómo lo lograban, le comentaron que ellos se habían leído un libro que trataba de Scrum y que lo ponían en práctica. Todos los días hacían una «Daily» para sincronizarse. Si la siguiente tarea consistía en pintar un salón, por ejemplo, convenían en que había que ayudar a retirar los muebles, por lo que todos los que estaban libres se ponían a ayudar. Imaginemos que el electricista no tenía trabajo para ese día, por lo que se ponía a ayudar a retirar muebles. Este hecho tan sencillo de sincronizarse cada día hacía que fuesen mucho más productivos y que el trabajo saliese según la estimación realizada. Imagínese la sorpresa de Jeff al descubrir que su libro, orientado al mundo del desarrollo software, había trascendido para ser aplicado en otros entornos que él nunca hubiese imaginado.

Seamos una empresa de reformas a la que llega un proyecto que consiste en la reforma de un salón, donde el cliente quiere colocar un equipo de música, para lo cual necesita protegerlo con una toma de tierra. La toma de tierra no está instalada, por lo que habrá que llevarla, a través de rozas, hasta los enchufes donde se conectará la cadena de música. De paso, se arreglarán los suelos y se pintarán las paredes.

Lo primero que necesitamos es nombrar los distintos roles.

15.2 Asignación de roles

Nombramos al Dueño de Producto, que será la persona encargada de tratar con el cliente y de obtener de él sus requisitos. Nombraremos después al Scrum Master, que será el líder del equipo. Nombraremos al Equipo de Desarrollo, que estará formado por los especialistas necesarios para acometer la reforma: un electricista, un parquetista, un pintor y un albañil.

Puede ser bastante costoso asignar al equipo de reformas un Dueño de Producto y un Scrum Master, por lo que, en este caso, serán los miembros del equipo los que adoptarán uno de estos roles. Por ejemplo, aquel que habitualmente suela tratar más con los clientes puede ser el que haga de Dueño de Producto. Aquel que no tenga mucha carga de trabajo, como el electricista, puede hacer de Scrum Master, por ejemplo.

El Dueño de Producto se pone manos a la obra, construyendo una Pila de Producto

15.3 Creando la Pila de Producto y el MPV

La Pila de Producto podría contener las siguientes tareas:

1. Llevar la toma de tierra hasta el rincón que el cliente ha elegido.

2. Poner parquet nuevo en el salón.

3. Pintar las paredes del salón.

Las tres tareas aportan valor por sí mismas, pero la tarea que aporta más valor es la de llevar la toma de tierra hasta el rincón que el cliente ha elegido. Con dicha tarea, el cliente tendrá lo que se proponía, que es poder escuchar música con su cadena de sonido nueva. Por ello es la tarea primera de la Pila de Producto.

El MPV estaría conformado por las tareas 1 y 3 pues, con dichas tareas, el cliente podría escuchar música en su salón y no tendría que ver una roza atravesar sus paredes, pues las paredes estarían ya pintadas. Se puede dejar para más adelante el arreglo del suelo, pues el principal objetivo estaría ya logrado.

Antonio Montes Orozco

15.4 Creando la Pila del Sprint 1 en la Planificación de Sprint

Es la primera reunión que tiene lugar. En ella, el equipo de reformas toma como referencia poner un enchufe, al que se le asigna un punto de historia. El resto de tareas se estiman por comparación con esta:

1. Llevar la toma de tierra hasta el rincón que el cliente ha elegido: 8 puntos de historia.

2. Poner parquet nuevo en el salón: 34 puntos de historia.

3. Pintar las paredes del salón: 21 puntos de historia.

Yo no soy un experto en reformas. Lo importante en este ejercicio no es que las estimaciones sean correctas, sino que usted se fije en cómo hay que proceder para empezar a aplicar Scrum. Ahora que ya tenemos una Pila de Producto con tareas estimadas, el equipo ha de decidir la duración de los Sprints y cuántas tareas van a entrar en el primero. Por la característica del Negocio, el equipo llega al acuerdo de que los Sprints han de ser de una semana, pues es tiempo suficiente para entregar algo que aporte valor al cliente.

Para el primer Sprint, y en base a su experiencia, el equipo se compromete a la tarea 1 y a la tarea 3. No creen que puedan sacar más de 30 puntos de historia. Las tareas 1 y 3 suman 29 puntos entre las dos. Es una primera aproximación y así descubrirá el equipo la velocidad que tiene. Por lo tanto, el equipo se compromete a hacer la roza por la que irá la toma de tierra y a pintar las paredes del salón, dejando el suelo para el siguiente Sprint. Por lo tanto, podrán tener listo el MPV en el primer Sprint, lo que les permitirá entregar al cliente algo que aporte valor.

15.6 Sprint 1

El Sprint 1 comienza y el equipo tiene su primera «Daily». El albañil empezará con la roza para que el electricista pueda introducir por ella la toma de tierra. El electricista ya sabe, gracias a la «Daily», que él entrará en acción en cuanto acabe el albañil. Para pintar las paredes del salón, lo que se hará en cuanto esté el yeso tapando la roza y se haya secado, habrá que despejar muebles e ir cubriéndolos para que no se ensucien con la pintura. El parquetista, el pintor y el electricista se ponen manos a la obra para ir adelantando trabajo. También irán tapando los zócalos, los bordes de las ventanas y todo aquello que sea susceptible de ser manchado con la pintura.

En la segunda «Daily» el albañil comunica que ha terminado de hacer la roza para meter la toma de tierra, por lo que el electricista ya puede hacer su trabajo. El salón ya está con los muebles apartados y cubiertos, y el resto del equipo ha tapado los zócalos y los marcos de las ventanas. El pintor anuncia un impedimento: hace falta consensuar con el cliente de qué color quiere este las paredes. El Scrum Master se lo notifica al Dueño de Producto, que se pone en contacto con el cliente y ambos acuerdan poner un muestrario en una de las paredes. Otro impedimento tiene que ver con las pinturas, pues el trabajo avanza rápido. El Scrum Master compra la pintura ese mismo día, junto con el tinte para hacer las muestras acordadas con el cliente.

En la tercera «Daily» se pone de manifiesto que el estado del trabajo es el que sigue: la roza para instalar la toma de tierra ya está terminada, a falta de secarse; el salón está despejado para que se pinten las paredes y todo está debidamente cubierto para que no se manche nada al pintar. Para poder pintar al día siguiente, el equipo conviene en que podrían poner calefactores para acelerar el secado del yeso de las pareces. El Dueño de Producto asiste a la «Daily» de oyente y comunica que esa misma tarde el cliente irá a elegir entre las muestras de color que han dejado en las paredes.

En la cuarta «Daily» el electricista anuncia que ha terminado de introducir la toma de tierra y de poner el enchufe donde irá la cadena de música. Los calefactores han estado puestos toda la noche y la pared está lista para ser pintada, pues el yeso ya está seco. El Dueño de Producto anuncia que el cliente ya se ha decantado por un color, por lo que todo está listo para que las paredes se pinten ese mismo día.

El último día ya no hay «Daily», pues el equipo ha terminado con la Pila de Sprint, por lo que asisten directamente a la Revisión de Sprint. El equipo enseña, al Dueño de Producto y al cliente, cómo han quedado las paredes pintadas y cómo ha quedado el enchufe, ya con toma de tierra incluida. El color es justo el elegido por el cliente dos días antes y todo parece ir bien. El Dueño de Producto enchufa una radio al nuevo enchufe, que ya viene con toma de tierra, para verificar que funciona correctamente. Aprovechan después de la Revisión de Sprint para reunirse de nuevo y hacer una retrospectiva y analizar si se podría mejorar algo. El Scrum Master facilita la retrospectiva y aparece con un taco de pósits y unos bolígrafos. El Scrum Master les deja 5 minutos para que escriban en el pósit qué cosas han funcionado bien y hay que mantener. Tras pasar los 5 minutos, uno por uno se van levantando y exponen lo que han apuntado. En general, varios coinciden en que Scrum está funcionando y hay que mantenerlo, y que las estimaciones han funcionado, pues han finalizado el Sprint exitosamente. Ahora el Scrum Master les deja otros 5 minutos para apuntar qué cosas creen que podrían mejorar. Al cabo de cinco minutos van saliendo, uno por uno, a exponer los temas en los que creen que podrían mejorar. Se habla de los siguientes temas:

- Las pinturas no estaban compradas.

- Empezaron la obra sin que el cliente hubiese elegido el color.

Analizan cada tema y llegan a las siguientes conclusiones:

- Comprar las pinturas antes y añadirlas al presupuesto. Incluso se puede pedir algo de dinero por adelantado al cliente para ir aprovisionando el material.

- No esperar tan tarde a que el cliente elija el color que quiere, pues eso afecta al aprovisionamiento de material.

El equipo ya es bueno de por sí, pero, a partir de ahora, será incluso mejor, pues ha aprendido de sus errores y lo ha hablado abiertamente y con transparencia.

Antonio Montes Orozco

La razón por la que escriben en privado los temas, utilizando pósits, es para que no se influencien unos a otros. Si fuesen exponiendo los temas de viva voz, se irían influyendo unos a otros y, al final, todos acabarían exponiendo lo mismo.

En el siguiente Sprint sólo queda arreglar el suelo, tarea que ya está estimada. Aprendiendo de los errores anteriores, el Dueño de Producto se preocupa por hablar con el cliente, para que este elija el tipo de suelo que quiere poner. De esa forma pueden hacer acopio de tablas de parquet y tenerlas antes de empezar el Sprint. También le piden un adelanto al cliente, para comprar material, tal y como se habló en la retrospectiva.

15.7 Sprint 2

Ya estaba clara la pila del Sprint 2 e incluso estaba estimada, por lo que el equipo empieza a arreglar el parquet. Para ello el suelo tiene que estar diáfano, así que hay que mover todos los muebles del salón. En la primera «Daily» es a la conclusión a la que llegan y se pone el equipo en marcha. De esta forma se consigue sacar partido del electricista, del albañil y del pintor, los cuales no iban a tomar parte en el arreglo del suelo.

Al día siguiente de despejar el salón el suelo ya está puesto y barnizado. Se ha llegado en tiempo, el equipo ha optimizado sus recursos y conoce su velocidad: unos 30 puntos de historia por Sprint. Durante la Revisión de Sprint le muestran al cliente el salón acabado.

Conclusión

Hemos recorrido un viaje por el marco de trabajo Scrum, aprendiendo en qué consiste y cuál es su vocabulario asociado. ¿Por qué funciona? Hemos visto que el compromiso nace de la participación. Aunque es un principio que no se enuncia en la literatura existente sobre Scrum, todas las reuniones que prescribe Scrum son tremendamente participativas para el equipo, por lo que se está consiguiendo el compromiso de este. El poder que da el compromiso de un equipo entero es tremendo. Me costó diez años entender esto. Siempre me sorprendió lo fácil que era obtener equipos de alto rendimiento con Scrum, pero no lo comprendí hasta que me topé con la obra de Stephen Covey (Covey, S. R., 1997).

Las empresas que lo han aplicado han revolucionado el mercado con ideas novedosas. No es lo mismo tener a un especialista pensando nuevas soluciones que tener a un equipo de 9 miembros plenamente comprometidos y con total libertad para hablar. Con tantos miembros comprometidos de verdad, lo que no se le ocurre a uno, se le ocurre a otro. Y encima, rodeado de un ambiente de respeto y confianza, el equipo se crece al ver que cualquier idea es bienvenida y aplicada. Ese es el secreto de Scrum.

Aparte de este secreto primordial, Scrum prescribe que no se pierda el tiempo en cosas que no aporten valor (enunciado como uno de los principios del Manifiesto Ágil), e incide en usos que son connaturales al ser humano:

- La estimación por comparación, por ejemplo.

Antonio Montes Orozco

- El uso de radiadores de información muy visuales, como los paneles Kanban, para dejar muy claro en qué está trabajando el equipo.

- La concienciación de que hay que mantener ritmos de trabajo sostenibles (enunciado como otro de los principios del Manifiesto Ágil), para no quemar al equipo y para mantener la creatividad, aparte de reducir los errores.

- La capacidad de aprender de los errores y aplicar la mejora continua (*Kaizen*, ¿se acuerda?) como una práctica habitual (enunciado como otro principio del Manifiesto Ágil, en relación a las retrospectivas).

También hemos visto que Scrum no es la panacea y que es adecuado para entornos donde el trabajo en equipo es importante y donde se pueden establecer iteraciones de duración fija y no cambien los compromisos. Si el entorno es muy volátil y no se puede respetar el trabajo comprometido en cada Sprint, Scrum cojea, pues eso impide obtener la velocidad del equipo y hacer que este sea predecible. Para esos casos, es mejor aplicar otras metodologías ágiles, como Kanban, por ejemplo.

Llegando al final de este viaje, me gustaría haberle ayudado a conocer Scrum y cómo se aplica. Le deseo lo mejor en su carrera profesional y que esta esté plagada de éxitos.

Antonio Montes Orozco

Fuentes de información

Enlaces de interés

- Manifiesto Ágil: http://www.agilemanifesto.org/iso/es/manifesto.html

- Principios ágiles: http://www.agilemanifesto.org/iso/es/principles.html

- Sobre la pirámide de Maslow: https://es.wikipedia.org/wiki/Pirámide_de_Maslow

- Sobre Abraham Maslow: https://es.wikipedia.org/wiki/Abraham_Maslow

- Sobre las Teorías X e Y de Douglas McGregor: https://es.wikipedia.org/wiki/Teor%C3%ADa_X_y_teor%C3%ADa_Y

- Sobre la Teoría Z: https://es.wikipedia.org/wiki/Teor%C3%ADa_Z

- Sobre Patrick Lencioni: https://es.wikipedia.org/wiki/Patrick_Lencioni

Libros recomendados

- Adkins, L. (2010). *Coaching Agile Teams: A Companion for ScrumMasters, Agile Coaches, and Project Managers in Transition*. Pearson Education/Addison Wesley Professional

- Anderson, D. J. (2010). *Kanban: Successful Evolutionary Change for your Technology Business*. Blue Hole Press.

- Cockburn, A. (2000). *Agile Software Development: The Cooperative Game*. Pearson Education.

- Cohn, M. (2006). *Agile Estimating and Planning*. Pearson Education/ Addison Wesley Professional.

- Cohn, M. (2006). *User Stories Applied: For Agile Software Development*. Pearson Education.

- Covey, S. R. (1997). *Los 7 hábitos de la gente altamente afectiva*. Barcelona: Paidós.

- Derby E., Larsen, D., Schwaber, K. (2006). *Agile Retrospectives: Making Good Teams Great*. Pragmatic Bookshelf.

- Hammarberg, M. (2014). *Kanban In Action*. Manning Publications.

- Highsmith, J. (2009). *Agile Project Management: Creating Innovative Products*. Pearson Education/Addison Wesley Professional

- Lencioni, P. (2003). *Las cinco disfunciones de un equipo*. Barcelona: Empresa Activa.

- Maslow, A. (1943). *A Theory of Human Motivation*. Martino Fine Books

- McGregor, D. (2006). *The Human Side Of Enterprise*. McGraw-Hill Education.

- Rawsthorne, D. (2011). *Exploring Scrum: The Fundamentals*. CreateSpace Publishing.

- Shalloway, A., Beaver, G., Trott J. R. (2009). *Lean-Agile Software Development*. Pearson Education.

- Sliger, M., Broderick, S. *The Software Project Manager's Bridge to Agility*. Pearson Education.

- Sutherland, J. (2014). *Scrum, The Art Of Doing Twice the Work in Half the Time*. Cornerstone Digital.

- Wysocki, R. K. (2009). *Effective Project Management: Traditional, Agile, Extreme*. Wiley.

Artículos recomendados

- Mathew Ricard, Antoine Lutz. *En el cerebro del meditador*. Investigación y Ciencia, núm. 460 (enero 2015).

- Robert Stickgold. *Las funciones vitales del sueño*. Investigación y Ciencia, núm. 471 (diciembre 2015).

- Schwaber K. & Sutherland J. (2011). *The Scrum Guide*.

Antonio Montes Orozco

Agradecimientos especiales

Siempre me ha llamado la atención este apartado de los libros. El autor da una ristra de nombres que no conozco. Ahora que me he enfrentado a mi primer libro, me he dado cuenta de lo duro que es escribir un libro y, cuando profesionales excepcionales y grandes amigos te ayudan, la verdad es que sientes un agradecimiento infinito. ¿Cómo no vas a dedicarles unas palabras a gente tan entrañable que te han apoyado en algo tan complicado como es escribir un libro? ¿Y en qué orden lo hago, si toda la ayuda ha sido excepcional?

Lo haré por orden alfabético. Empezaré por Ángela, pues sus correcciones han sido muy valiosas y me ha dejado impresionado por su pedazo de traducción al inglés. Todo mi cariño también para Pilar que, con mucha paciencia, se ha leído los capítulos y me ha dado unas ideas fabulosas. Mi agradecimiento para Ramón y el pedazo de portada que ha diseñado para el libro. No puedo olvidarme de Rocío, con sus acertadas y sabias correcciones. Eres un diamante en bruto, Roci. Y, como no, mi infatigable compañera, Rosa. He descubierto en ella una formidable editora y correctora de estilo. Mi agradecimiento a Susana, que siempre a creído en mí y que me ofreció las instalaciones de Indizen S.A. para promocionar mi libro. En último lugar y no por ello menos importante, está Yoli, con su alucinante revisión de la versión inglesa. A todos ellos les estoy eternamente agradecido.

Antonio Montes Orozco

Sobre el autor

Antonio Montes Orozco nació en Madrid, España, en 1972. Estudió Ingeniería de Telecomunicaciones en la Universidad Politécnica de Madrid.

Comenzó sus primeros pasos en el mundo laboral como administrador de sistemas, especializado en los sistemas operativos Solaris, HPUX y AIX. Tras unos años como administrador de sistemas, se puso a programar en C++ y, en el año 2006, conoció la metodología Scrum y fue uno de los pioneros en su aplicación en España. Desde entonces lleva ejerciendo como Scrum Master y como coach para implantar dicha metodología.

Acabó trabajando en una importante entidad financiera española, donde introdujo el Scrum en una de las áreas de Negocio.

Se certificó en 2015 por el prestigioso PMI (Project Management Institute), como practicante del agilismo (ACP: Agile Certified Practitioner), y por Scrum Manager en 2014.

En 2016 obtuvo el Master Executive en Gestión y Dirección de las Tecnologías de la Información, por el Instituto de Directivos de Empresa (IDE-CESEM) de España.

Antonio Montes Orozco

Créditos

Scrum para no informáticos: Aprenda a utilizar en su negocio la metodología que ha llevado al éxito a Google, Amazon, Facebook, Microsoft, BBVA e ING Direct, entre otros.

Antonio Montes Orozco

No se permite la reproducción total o parcial de este libro, ni su incorporación a un sistema informático, ni su transmisión en cualquier forma o por cualquier medio, sea este electrónico, mecánico, por fotocopia, por grabación u otros métodos, sin el permiso previo y por escrito del editor. La infracción de los derechos mencionados puede ser constitutiva de delito contra la propiedad intelectual (Art. 270 y siguientes del Código Penal)

© del diseño de la portada, Ramón Coloma Mozos

© Antonio Montes Orozco, 2018

© de la presente edición: Antonio Montes Orozco, 2019

Primera edición: mayo de 2018

Segunda edición: enero de 2019

ISBN: 9781795432979

Antonio Montes Orozco

www.ingramcontent.com/pod-product-compliance
Lightning Source LLC
Chambersburg PA
CBHW021441210526
45463CB00002B/600